Das kleine Handbuch der
Rhetorik ^{2100}

Meetings leiten

Besprechungen erfolgreich führen

Horst Hanisch

© Zweite Auflage: 2019 by Horst Hanisch, Bonn

© Erste Auflage: 2017 by Horst Hanisch, Bonn

Bibliografische Information der Deutschen Nationalbibliothek: Die Deutsche Nationalbibliothek verzeichnet diese Publikation in der Deutschen Nationalbibliografie; detaillierte bibliografische Daten sind im Internet über dnb.dnb.de abrufbar.

Idee und Entwurf: Horst Hanisch, Bonn

Lektorat: Alfred Hanisch, Bonn; Annelie Möskes, Bornheim

Buchsatz: Guido Lokietek, Aachen; Horst Hanisch, Bonn

Umschlag: Christian Spatz, engine-productions, Köln; Horst Hanisch, Bonn

Zeichnungen: Horst Hanisch, Bonn

Herstellung und Verlag: BOD – Books on Demand GmbH, Norderstedt

ISBN: 978-3-7448-3971-6

Das kleine Handbuch der Rhetorik [2100]

Meetings leiten

Besprechungen erfolgreich führen

Inhaltsverzeichnis

Einleitung

„Besprechungen erfolgreich führen"

Ein halbes Arbeitsleben lang quälen sich Hunderte, ja Tausende Beschäftigte in einem wöchentlichen Meeting. Die gut gemeinte Idee des zielorientierten und flotten Austauschs wird regelmäßig durch interne Streitigkeiten, Kleinkriege, Intrigen sowie endlose Monologe, Wiederholungen der Vorwoche und nicht greifbare Ergebnisse konterkariert.

So bleibt es nicht aus, dass sich unzählige Beschäftigte in den Meetings langweilen, eventuell eigene Angelegenheiten ‚nebenbei' bearbeiten oder gar durch ihr destruktives Verhalten das Fortkommen aller boykottieren.

Gut strukturierte Meetings mit aktiven Teilnehmern, die konstruktive Kritik und machbare Ideen einbringen, erbringen nicht nur Lebens- und Arbeitsqualität, sondern auch deutliche Vorteile für das Unternehmen.

Bereiten Sie Besprechungen gut vor, verschicken Sie rechtzeitig eine Einladung mit den Tagesordnungspunkten und reservieren Sie einen, entsprechend Ihrer Vorstellungen, eingerichteten Besprechungsraum.

Mithilfe des 5-Phasen-Modells können Sie nachvollziehbar für jeden schrittweise und zielgerichtet Ihr gestecktes Ziel erreichen und in überschaubarer Zeit zu einem greifbaren Ergebnis kommen.

Lassen Sie das Meeting beginnen!

Praxisnah, zeitgemäß und kompakt. Das sind drei interne Vorgaben für unsere Rhetorik-Ratgeber. In unserer Reihe der kleinen Rhetorik-Handbücher wird jeweils ein wesentlicher Teil aus dem umfangreichen Bereich der Rhetorik kompakt vorgestellt.

Die Themenbereiche sind beispielsweise den Büchern ‚Das große Buch der Rhetorik [2100]' oder ‚Trickreiche Rhetorik [2100]' vom selben Autor entnommen. Die Zahl 2100 steht dabei für das 21. Jahrhundert, was die Aktualität der Themen unterstreicht. Diese entsprechen den heutigen Anforderungen im beruflichen Umgang miteinander.

Im vorliegenden Ratgeber „Rhetorik – Meetings leiten" wird schwerpunktmäßig auf folgende Themen eingegangen:

- Verhalten und Aufgaben des Moderators
- Das 5-Phasen-Modell
- Brainstorming – kreativ und verrückt denken

Viel Erfolg bei der Vertiefung bestehenden Wissens und erfolgreichen Einsatz im Berufsleben.

Teil 1 – Verhalten und Aufgaben des Moderators

Professionell durchgeführte und regelmäßig stattfindende Meetings

Meetings leiten

Sie sind der Moderator beziehungsweise die Moderatorin, der/die für die vernünftige Planung und Durchführung eines wöchentlich stattfindenden Meetings verantwortlich zeichnet.

Es ist Ihre Aufgabe, die Tagesordnungspunkte für das Meeting vorzubereiten. Und zwar so, dass sie in der vorgegebenen Zeit auch sinnvoll besprochen und vernünftig abgeschlossen werden können.

Zeit vernünftig einteilen

Aus anderen Meetings wissen Sie, dass sich an den ersten 2, 3 Punkten endlos lang aufgehalten wird, weil jeder versucht, seine Meinung zu den Punkten sehr ausführlich darzustellen. Am Ende bleiben für die letzten zwei oder drei Punkte weniger als 5 Minuten Besprechungszeit. Entweder werden die Punkte kurz abgenickt (der fehlende Austausch kann sich später rächen) oder auf die nächste Woche verschoben. Beides ist nicht gut. Gehen Sie anders vor.

Vorbereitung des Inhalts

Sie sorgen dafür, dass alle Teilnehmer rechtzeitig die Tagesordnungspunkte übermittelt bekommen. So können Sie erwarten, dass sich jeder auf die Punkte vorbereitet. Gut mitarbeitende Mitarbeiter werden rechtzeitig den Wunsch nach einem eigenen Tagesordnungspunkt anmelden, den Sie dann passend einarbeiten.

Vorbereitung des Raums

Selbstverständlich ist der Besprechungsraum rechtzeitig gebucht und vorbereitet. Er ist gelüftet, genügend Stühle stehen bereit, gekühlte Tagungsgetränke sind aufgestellt.

Beginn

Nicht nur Sie, sondern auch alle anderen Teilnehmer, erscheinen wenige Minuten vor Beginn des angesetzten Zeitpunktes. Nach einer freundlichen Begrüßung wird direkt zum ersten Tagesordnungspunkt übergegangen.

Intensiv wird nun ein Punkt nach dem anderen abgearbeitet.

Sie achten darauf, dass jeder Anwesende Redebeiträge platzieren kann, Fragen vernünftig beantwortet werden. Und notwendige Vereinbarungen müssen im Einverständnis getroffen werden.

Angenehmes Arbeitsklima

Trotz der straffen Durchführung herrscht ein angenehmes Klima im Raum. Die Atmosphäre ist positiv und selbstverständlich wird zwischendurch gelacht oder auch mal ein Späßchen eingebracht.

Das schadet dem Gesamtablauf nicht – im Gegenteil es lockert das intensive Arbeiten auf und hilft, Abwechslung und Kurzweil in das Meeting zu bringen.

Unter guter Stimmung lässt sich mehr erreichen als unter Disstress.

Nachdem geklärt wurde, dass niemand mehr eine wichtige Angelegenheit besprechen möchte, wird sich bei allen Anwesenden bedankt und jeder kehrt an seinen Arbeitsplatz zurück.

Protokoll

Möglicherweise haben Sie es so geregelt, dass bei jedem Meeting ein anderer ein kurzes und aussagekräftiges Protokoll erstellt, auf das spätestens am nächsten Morgen alle Teilnehmer des Meetings Zugriff nehmen können.

Das Protokoll hilft zur späteren Nachverfolgung und natürlich zur Dokumentation.

Soweit die Theorie. Sieht die Praxis auch so aus?

Meetings-Kultur

„Ich muss zum Meeting!"

Schon wieder rennt einer von einem Meeting ins nächste. Was gibt es denn so viel zu bereden? Bleibt überhaupt noch Zeit zur Arbeit?

Ohne Austausch, Absprachen und Zielsetzungen geht es offensichtlich nicht. Zumindest dann nicht, wenn von zeitgemäßer Unternehmens- und Mitarbeiterführung gesprochen wird.

Die Zeiten des einseitigen Diktats (im Sinne der Diktatur) sind sicherlich nicht mehr gegeben.

Alle ins Boot holen

Die Beschäftigten sind ins ‚Boot zu holen'. Sie wollen und sollen wissen, welche Schritte geplant sind, welche Ziele erreicht werden sollen und was sie selbst einbringen können.

Die Politik zeigt uns täglich und oft eindringlich, wie wichtig es ist, sich bei Meetings auszutauschen, um beispielsweise eine Strategie zu entwerfen.

Es scheint viel schwieriger zu sein, mit Worten in Gesprächsrunden zu überzeugen, als einfach zur Waffe zu greifen und loszuschießen.

Meetings überall

Egal wo, es wird immer wieder zu Meetings kommen: Das Theater-Ensemble trifft sich zur Abstimmung der nächsten Aufführung, die Dekane zur Abstimmung der Neu-Akkreditierung ihrer Studiengänge, das Krankenhauspersonal zur Vorbereitung der ‚Übergabe' ihrer Patienten an die Nachtschicht, die Mitarbeiter und Mitarbeiterinnen des Kindergartens zur Planung des Elternfestes usw. usw.

Im körperlichen Kontakt bleiben

Obwohl es technisch mittlerweile problemlos möglich ist, sich online in Video-Meetings auszutauschen, bevorzugen viele die Möglichkeit des direkten, physischen Kontaktes. Stimmungen sind hier viel deutlicher und sofort erkennbar. Manches lässt sich ‚eben mal' schnell austauschen.

Jederzeit kann sofort erkannt werden, wer mit welchem Vorgehen einverstanden ist oder wer Zweifel zeigt.

Das Wort Meeting kommt aus der englischen Sprache ‚to meet' und bedeutet ‚sich treffen' oder ‚begegnen'. Im ursprünglichen Sinn ist es bestimmt meist optimal, sich in einem Raum zusammenzufinden – also nicht nur virtuell.

So sollen möglichst alle infrage kommenden Personen auch tatsächlich anwesend sein können.

Somit ist mehr oder weniger gewährleistet, dass jeder Teilnehmer dieselben Informationen erhält, was Missverständnissen vorbeugt.

Das Risiko der Unüberschaubarkeit in den Griff bekommen

Es scheint sinnvoll, so viele Teilnehmer wie möglich in ein Meeting zu bekommen. Oder doch nicht?

Nun, es liegt auf der Hand – je mehr Personen, desto mehr denkbare Redebeiträge. Das Risiko der Unüberschaubarkeit steigt allerdings gleichzeitig.

Ein Meeting soll demnach eine Teilnehmerzahl haben, sodass jeder Anwesende Beiträge einbringen kann, ohne dass es den Zeitrahmen sprengt.

Würde am Ende nur von wenigen Wortführern oder Vorgesetzten verkündet, was bereits entschieden wurde, kann kaum mehr von einem echten Meeting gesprochen werden. Das wäre bestenfalls eine Informationsveranstaltung.

Zusammenkunft

Da das Wort Meeting auch im übertragenen Sinne als Besprechung, Beratung, Verhandlung, Zusammenkunft usw. übersetzt werden kann, impliziert es bereits den Austausch untereinander.

Also doch nicht endlos viele Teilnehmer, sonst ist der Austausch nicht gewährleistet.

Gegebenenfalls müssten die Teilnehmer des Meetings mit ihren Mitarbeitern weitere Meetings umsetzen, um Informationen oder Absprachen weiterzutragen.

Regelmäßig stattfindende Meetings

Im beruflichen Umfeld treffen Sie auf regelmäßig stattfindende wie auf sporadisch einberufene Meetings.

Sinnvollerweise finden regelmäßig stattfindenden Treffen immer im gleichen zeitlichen Rhythmus statt, was die Planung und Vorbereitung für alle erleichtert. Beispielsweise dienstags von 09:00 Uhr bis 10:15 Uhr.

Jeder Teilnehmer kann sich auf die Termine schon lange vorher einstellen und andere Aktionen wie auch Gespräche so planen, dass seine Teilnahme am Meeting gewährt bleibt.

Termine und Uhrzeit einhalten

Störend und unprofessionell wird es dann, wenn ein Meeting kurzfristig verschoben wird, weil ‚der Chef nicht kann'.

Fallen Meetings immer mal wieder aus, erkennen die Teilnehmer recht bald die relative Unwichtigkeit des regelmäßigen Treffens.

Teilnehmer, die sich bestimmte Gesprächspunkte für ein Meeting vorgemerkt haben, müssen diese nun bis zum nächsten Termin verschieben.

Möglicherweise hat sich bis dorthin die Dringlichkeit verändert.

Zumindest ist die effektive Planung gestört, eine Umsetzung vorgesehener Punkte eventuell sogar verzögert.

Das kann den Verlust von Gewinn oder Erfolg bedeuten – und so ganz nebenbei – den Mitarbeiter demotivieren.

Jour fixe

Hin und wieder werden Meetings auch als ‚Jour fixe' bezeichnet. Dieser festgesetzte, regelmäßig stattfindende Termin darf nur im äußersten Fall aufgrund wichtiger Ausnahmesituationen ausfallen.

Die Teilnehmer im Meeting

Betrachten wir zunächst etwas bösartig augenzwinkernd den ‚klassischen' Mitarbeiter im verallgemeinernden Stereotypendenken.

Er geht geflissentlich der Arbeit nach und hat im Idealfall alle Hände voll zu tun.

Sonst wäre er auch nicht ausgelastet und hätte, genau genommen, eine überbezahlte Tätigkeit.

So sieht er ein, sagen wir mal, wöchentliches Meeting eher als störend in seinem Arbeitsablauf.

Er fühlt sich aus seinem Arbeitsprozess herausgerissen. Je nach Tätigkeit muss er anstehende Aufgaben vorübergehend an andere delegieren. Entsprechend mies gelaunt wird er zum Meeting erscheinen.

Arbeitseinstellung

Andere Teilnehmer haben sich nicht gut vorbereitet oder abgesprochene Ziele nicht eingehalten.

- „Ich war letzte Woche krank/im Urlaub."
- „Ich habe ja versucht, Herrn Mertens am Telefon zu erreichen – er war aber nie da."
- „Oh, das habe ich ja total vergessen."
- „Nö, die haben noch kein Angebot geschickt."
- „Das Muster hab' ich jetzt gerade nicht dabei"

Na toll! Also warten wir noch einmal eine Woche? Und dann wieder eine Woche? Wie soll bei solch einem Verhalten effektiv gearbeitet werden?

Pünktlichkeit

Dann gibt es noch diejenigen, für die Pünktlichkeit eine Herausforderung ist. 09:00 Uhr heißt, dass das Meeting um 09:00 Uhr beginnt.

Ein Erscheinen einige Minuten vor der vereinbarten Zeit wird erwartet und das Bereitlegen notwendiger Unterlagen oder das Einrichten benötigter Technik ist schon geschehen.

Zeit wird gestohlen

Nehmen wir an, an einem wöchentlich stattfindenden Meeting nehmen 10 Personen teil.

Einer der 10 kommt 5 Minuten später. Es ist dabei egal, ob es jeweils derselbe Teilnehmer oder ein anderer ist, der immer 5 Minuten später kommt.

Der Zuspätkommende stiehlt gerade 5 Minuten Zeit. Wohlgemerkt 5 Minuten von 10 Personen, was zusammen immerhin 50 Minuten ausmacht.

Und das jede Woche, sagen wir an 50 Wochen im Jahr. Das macht bereits 2.500 Minuten. Das entspricht mehr als 42 Stunden im Jahr.

Geld wird unnütz verbrannt

Bei einem Durchschnittslohn von Euro XX,- pro Stunde wurden ein paar Hundert € in die Luft gepustet.

Wir wollen zwar aus einer Mücke keinen Elefanten machen. Trotzdem ist zu sehen, wie aus 5 Minuten Verspätung schnell ein beachtlicher virtueller Betrag werden kann.

Weisen Sie die Teilnehmer darauf hin, wie wertvoll die Zeit ist. Achten Sie auf Pünktlichkeit – was natürlich auch für den Chef beziehungsweise die Chefin gilt.

Überziehen von Meetings

Vergleichbar ist das Überziehen von Meetings. Hier lässt sich eine ähnliche Berechnung aufstellen.

Jetzt stiehlt das unorganisierte Meeting die anschließende Arbeitszeit aller. Das ist nicht richtig.

Also: pünktlich beginnen und auch pünktlich aufhören. Ein straffes Umsetzen der angesetzten Tagesordnungspunkte ermöglicht das.

Die Teilnehmenden werden schnell das System erkennen, anerkennen und sich selbst entsprechend konstruktiv verhalten.

Zusammenfassung

Lassen Sie uns die oben aufgeführten Punkte in einer Übersicht zusammenfassen.

- Ein regelmäßiges Meeting findet immer zur gleichen Uhrzeit statt.
- Das Meeting beginnt pünktlich und endet ebenso pünktlich.
- Jeder Teilnehmer bereitet sich gut auf das Meeting vor.
- Das Einhalten von Absprachen und Zielvereinbarungspaarungen vom Vor-Meeting werden eingehalten.
- Sauber formulierte Tagungsordnungspunkte, die in der zur Verfügung stehenden Zeit bearbeitet werden können, werden im Vorfeld jedem Teilnehmer übermittelt.
- Es werden Punkte besprochen, die alle Anwesenden betreffen und wichtig für weitere Arbeiten sind.

Destruktives Verhalten

Was gehört nicht in ein Meeting?

- Endlos-Dialoge zwischen zwei Teilnehmern, die versuchen, ihre persönlichen Interessen durchzusetzen.
- Ausnutzen der Situation, um anderen Abteilungen ‚mal zu zeigen, wie schwach die arbeiten!'.
- Sich beim Vorgesetzten einschmeicheln.
- Sich mit den Erfolgen des eigenen (nicht anwesenden) Teams schmücken.
- Endlose Monologe halten und/oder ständiges Wiederholen.
- Sich mit anderen Dingen beschäftigen, als das Meeting vorsieht.

Bestimmt sind beide Auflistungen nicht vollständig. Jeder, der bereits einmal einem Meeting beiwohnte, wird sicherlich noch genügend Ergänzungen anfügen können.

Durch ein überlegt organisiertes Meeting können viele Schwachpunkte bereits im Vorfeld ausgeschlossen werden.

Das zeigt Professionalität.

Vorbereitung des Raums

Sie treffen sich zum Meeting. Dazu wählen Sie einen angenehmen Besprechungsraum aus, der nicht zu klein ist, damit die Temperatur nicht erdrückt und die Luft nicht zu schnell verbraucht wird.

Sie bevorzugen einen Raum mit Fensterfront nach draußen.

Da Sie wissen, dass manch einer dazu neigt, träumend nach draußen zu schauen, bevorzugen Sie einen Raum mit angenehm wirkenden Lamellen oder Blenden vor den Fenstern, die sich teilweise oder ganz schließen lassen, ohne den Raum in tiefes Dunkel verfallen zu lassen.

Material

Auf einem Beistelltisch liegen Blöcke und Stifte aus sowie genügend Marker, Pinnwand-Karten und Nadeln, falls jemand etwas an ein Flipchart zeichnen möchte oder an eine Pinnwand heften will.

Im Raum gibt es genügend Steckdosen, sodass bei Bedarf Laptops oder andere Geräte problemlos und schnell angeschlossen werden können.

Die Fernbedienung des Beamers liegt greifbar in der Nähe, obwohl Sie in der Regel darauf verzichten, mit Folien zu arbeiten. Die interaktive Wand funktioniert einwandfrei.

Selbstverständlich ist der Raum nicht nur gut gelüftet, sondern top gereinigt. Sie wertschätzen damit automatisch auch Ihre Teilnehmer in der Runde. An einem sauberen Arbeitsplatz lässt sich in guter Laune flott und zielorientiert arbeiten.

Tagungsgetränke

Mit einem Verantwortlichen haben Sie vereinbart, dass eine Viertelstunde vor Beginn Ihres Meetings Portions-Flaschen gekühlter Softdrinks und Mineralwasser bereitgestellt sind.

Eine einsatzbereite Kaffeemaschine ist mit frischem Wasser gefüllt. Teebeutel liegen neben einem Wasserkocher bereit.

Ein paar Schälchen mit kleinen Süßigkeiten warten auf die Teilnehmer.

Die Teilnehmer treffen ein

Ihre Teilnehmer treffen ein, wählen auf Wunsch ein Getränk und breiten die benötigten Unterlagen vor sich aus.

An einem rechteckigen Besprechungstisch gibt es zwangsläufig eine schmale Ober- und Unterseite.

Sie können sich bewusst dort platzieren, wobei durch diese Platzwahl unterschwellig eine gewisse Hierarchie dargestellt wird.

Sie könnten allerdings auch entscheiden, dass beispielsweise immer diejenige Person, die das Protokoll führt, an einem Kopfende Platz nimmt.

Rotation bei der Platzwahl

Damit würden Sie eine gewisse Rotation erzielen, was gleichzeitig helfen würde, dass nicht jedes Mal jeder am selben Platz säße.

Die Rotation erzeugt eine gewisse Lockerheit und lässt aufgrund der immer veränderten Sitzordnung in der Regel einen ‚fruchtbareren' Austausch zu.

Der runde Tisch

Vielleicht haben Sie auch die Möglichkeit, die Anwesenden an einem runden oder ovalen Tisch Platz nehmen zu lassen.

Zumindest bei einem tatsächlich runden Tisch gäbe es nicht zwangsläufig den hierarchisch höher angesehenen Sitzplatz. Sie würden hier den Team-Gedanken unterstreichen: „Wir sind alle gleich viel wert beziehungsweise gleichwertig."

Unabhängig davon können sich die Teilnehmer an einem runden Tisch besser gegenseitig sehen als an einem rechteckigen Tisch.

Die Rolle des Moderators

In den meisten Fällen wird der Moderator oder die Moderatorin der Abteilungsleiter oder ein Vorgesetzter sein. Das muss aber nicht zwangsläufig so sein, denn grundsätzlich kann jeder fähige Mitarbeiter die Rolle des Moderators übernehmen.

Nehmen Sie die Rolle des Moderators ein, so wie wir es bisher annehmen, haben Sie neben den klassischen organisatorischen Arbeiten ein bestimmtes Verhalten im Umgang mit den Anwesenden umzusetzen. Dieses Verhalten wird von Ihnen erwartet, da Sie die Rolle des Moderators ausfüllen sollen. Von den Teilnehmern wird das so erwartet.

Fairness

Einer der wichtigsten Punkte dabei ist, dass Sie allen gegenüber gleich fair auftreten. Für viele Moderatoren ist es unglaublich schwierig, neutral zu bleiben, da sie im täglichen Geschäftsablauf verständlicherweise Sympathien und Antipathien entwickeln, und dadurch einer Idee eher positiv oder ablehnend gegenüberstehen mögen.

Da der Moderator kraft seiner Rolle sowieso eine stärkere Position als alle anderen innehat (er bestimmt, wann das Meeting beginnt und endet, er entscheidet, welcher Tagesordnungspunkt besprochen wird, er erteilt Anwesenden das Wort und vieles andere mehr), muss er sich deutlicher in seinem Verhalten zurückziehen, als er es gegebenenfalls gewohnt ist.

Hierarchie

Wird die Moderation vom Vorgesetzten übernommen, kommen die hierarchischen Ausprägungen unter Umständen erschwerend dazu.

Nicht jeder Mitarbeiter mag immer und gänzlich offen zu allen Punkten sprechen, wenn er gleichzeitig befürchten muss, dass er deswegen einen möglichen Nachteil im anschließend stattfindenden Arbeitsumfeld haben wird.

Sie mögen erkennen, dass die Rolle des Moderators plötzlich gar nicht mehr so einfach erscheint, wie es sich anfangs anhören mag.

Tatsächlich muss das Persönliche (im oben erwähnten Sinn) zurücktreten.

Sauberes und wertschätzendes sowie gleichwertiges Verhalten allen Anwesenden gegenüber ist zwingend erforderlich, wenn ein vernünftiges Ergebnis im Meeting erzielt werden soll.

Neutralität

Vielleicht denken Sie, dass es ja gar nicht so schwierig sein kann, sich den einzelnen Ideen gegenüber neutral zu verhalten.

Unterschätzen Sie dabei nicht Ihre eigenen Interessen, Wünsche, Sorgen und Ziele. Diese lassen sich wunderbar unterschwellig in eine Gesprächsrunde einbringen; das ist aus allen möglichen Gesprächssituationen bekannt.

In der Rolle der Moderation ist dieses Verhalten hingegen verpönt oder – um es heftiger auszudrücken – unprofessionell.

Lob

Loben Sie beispielsweise einen Vorschlag überschwänglich und sofort, haben diejenigen, die möglicherweise Bedenken gegen diesen Vorschlag äußern wollten, es nun deutlich schwieriger, genau diese zu äußern.

Machen sie es doch, passen Sie als Moderator höllisch auf, dass Sie sich nicht persönlich angegriffen fühlen. Das würde kein gutes Ende nehmen.

Haben Sie sich so weit im Griff und akzeptieren, wenn jemand gegen Ihre Ideen argumentiert.

Nur durch ein vernünftiges Pro und Contra kann es zu einem – im Sinne des Unternehmens – erfolgreichen Ergebnis kommen.

Sonst hätten wir die oben bereits erwähnte Diktatur, die bekannterweise auf Dauer nicht erfolgreich sein wird.

Selbstverständlich steht es Ihnen frei, Lob auszusprechen. Die Empfehlung allerdings ist eindeutig: Lob dafür, dass jemand einen Gesprächsbeitrag bringt ist in Ordnung. Auch ein Lob, wenn er Vereinbartes aus dem letzten Meeting umsetzte.

Lob für einen Vorschlag – hier muss vorsichtiger umgegangen werden, wie oben beschrieben.

Loben, dass ein Vorschlag eingebracht wurde – ist gut. Die Qualität des Vorschlags werten – ist unprofessionell.

Das Meeting eröffnen und führen

Sicherlich haben Sie bereits jeden, der den Raum betreten hat, individuell begrüßt. Seien Sie als Erster anwesend.

Nun beginnt der offizielle Teil des Meetings.

Begrüßen der Anwesenden

Begrüßen Sie nun alle Anwesenden ganz offiziell. Sie machen damit deutlich, dass das Meeting nun beginnt.

Sollte ein Gast oder ein neuer Mitarbeiter erstmals anwesend sein, wird dieser nun den anderen vorgestellt.

Profis sorgen dafür, dass Smartphones entweder ausgestellt oder zumindest auf stumm geschaltet werden.

TOP und Protokoll

TOP ist die Abkürzung für Tagesordnungspunkt. Die TOP finden sich auf der Einladung, die Sie vorher verschickt haben und entsprechend im Protokoll, das nach Abschluss des Meetings zur Verfügung gestellt wird.

In der Regel sind die TOP nummeriert. Hinter jedem TOP steht ein Hinweis auf den Inhalt zu diesem Punkt.

Falls jemand der Anwesenden diesen TOP besprechen soll, steht hinter dem TOP der Name des Verantwortlichen.

Sie besprechen nun einen Punkt nach dem anderen, tauschen sich mit den Anwesenden aus und halten in einem knappen Satz das erreichte Ergebnis fest.

Dieser Satz kommt ins Protokoll.

Falls sich aus dem TOP ein neuer Tagesordnungspunkt für das nächste Meeting ergibt, erscheint er in der nächsten Einladung und im nächsten Protokoll wieder.

Austausch

Sorgen Sie dafür, dass jeder Anwesende die Möglichkeit hat, zu jedem Tagesordnungspunkt einen Kommentar zu geben.

Sorgen Sie dafür, dass die Beiträge zielorientiert bleiben und nicht vom geplanten Ablauf abweichen.

Das könnte schnell passieren, wenn jemand auf einen später zu sprechenden TOP vorgreift oder einen bereits abgehandelten erneut ins Gespräch bringen will.

Falls ein TOP überraschenderweise weit mehr Klärungsbedarf erfordert, als Sie einplanten, droht er Ihren Zeitrahmen zu sprengen.

Möglicherweise ist es sinnvoller, unter kleinerer Aufgabenverteilung oder gesplitteter Zielsetzungen zu erreichen, dass dieser TOP dann im nächsten Meeting tiefergreifend besprochen werden kann.

Halten Sie immer die Uhr im Auge. Sie wollen und sollen gewährleisten, dass alle Tagesordnungspunkte ohne zeitlichen Druck zufriedenstellend besprochen werden können.

Gesprächslenkung

Bekanntlich gibt es Teilnehmende, die mehr als andere sprechen. Es gibt Wortführer, die in jedem Meeting viel und manchmal sogar sehr viel zu sagen haben. Die Menge entscheidet nicht über Qualität.

Der Vielredner und der stumme Ja-Sager

Auf der anderen Seite nicken die freundlichen Ja-Sager zustimmend. Diese Ja-Sager erscheinen freundlich und harmlos im Meeting, bringen aber nicht zwangsläufig Neues mit ein.

So könnten Sie als Moderator hin und wieder gezielt einen dieser Ja-Sager oder vielleicht auch einen ganz Stummen um seine Meinung zu einem Punkt bitten.

Möglicherweise hören Sie die Antwort: „Es wurde schon alles gesagt." Diese Aussage ist sehr nett, bringt aber keine neue Erkenntnis in den Austausch.

Um solch eine Antwort zu vermeiden, könnten Sie den Ja-Sager oder Stummen fragen, <u>bevor</u> andere zu einem Punkt ihre Meinung geäußert haben.

Das muss natürlich nicht jedes Mal geschehen, fühlte sich der Betreffende schließlich genötigt oder sogar angegriffen. Beides ist nicht gewollt.

Trotzdem ist auch dessen Meinung wichtig. Nur weil jemand nichts sagt, heißt es noch lange nicht, dass er nichts weiß.

Manchmal kommen von den ruhigen Gesprächsteilnehmern hochinteressante Überlegungen in den Austausch, die sonst verloren gegangen wären.

Die Diskutierenden

Alles läuft wunderbar in Ihrem Meeting, sodass Sie sich einen Augenblick des Zurücklehnens gönnen. Plötzlich stellen Sie fest, dass sich zwei Teilnehmer in eine hitzige Diskussion verwickelt haben.

Ein Wort gibt das andere und der Schlagabtausch geht kräftig zwischen den beiden hin und her.

Ein spannender Dialog hat sich entwickelt, der vom Hölzchen aufs Stöckchen kommt. Gehört dieser Dialog noch in Ihren Austausch?

Falls der Inhalt zu weit von Ihrem Tagesordnungspunkt abweicht, bleibt Ihnen gar nichts anderes übrig, als vorsichtig aber bestimmend einzugreifen.

So könnten Sie darauf hinweisen, dass Sie sich über den regen Austausch freuen, Sie es allerdings wertvoll fänden, wenn auch die anderen Anwesenden hierzu eine Meinung vertreten wollten.

Führen Sie auf Ihren strukturierten Weg zurück.

Streitereien

Sollte sich tatsächlich eine Streiterei oder ein Konflikt zwischen zwei Personen andeuten, dürfen Sie diesen nicht eskalieren lassen.

Ihr Eingreifen ist zwingend erforderlich.

Sollten Sie merken, dass ein unterschwelliger oder gar schon ausgebrochener Konflikt im Raum schwebt, bitten Sie beide Beteiligten nach dem Meeting zu einem Austausch oder bieten Sie in Absprache mit ihnen einen zeitnahen Gesprächstermin an.

Streitereien haben im Meeting nichts verloren. Sie fressen nur die Zeit der Unbeteiligten.

Spielregeln im Meeting

Legen Sie Spielregeln für die Meetings fest. Diese Spielregeln gelten dann für alle regelmäßig stattfindenden Meetings. Regeln könnten sein:

- Alle Smartphones sind ausgeschaltet oder werden vorher eingesammelt.

  Solch eine Regel kann erstellt werden, wenn Ablenkungen durch eingehende Nachrichten vermieden werden sollen oder wenn in den Meetings vertrauliche Dinge besprochen werden.

  Durch diese Regeln gerät niemand in die Versuchung, ‚aus Versehen' ein gesprochenes Wort aufzunehmen und an Unbefugte zu übermitteln.

- Jeder Teilnehmer erscheint pünktlich und bleibt bis zum Ende des Meetings.

  Es wird erwartet, dass er sich über die Tagesordnungspunkte im Vorfeld informiert hat und entsprechend vorbereitet auftritt.

  Jeder weiß, welche Themen behandelt werden.

- Diejenigen, die zum Meeting etwas zu organisieren hatten oder Informationen beibringen sollten, haben ihre Aufträge erledigt.

  Zielsetzungen werden absolut eingehalten.

- Jeder Teilnehmer hat das Recht – und die Pflicht, konstruktive Beiträge zu bringen. Dabei werden alle Redebeiträge, erscheinen sie auch noch so unrealistisch, ernst genommen.

- Jeder lässt andere aussprechen.

  Unschöne Kommentare oder abwertendes Verhalten gehört nicht in ein Meeting.

- Die Anwesenden hören den anderen aufmerksam zu.

  Bei Unklarheiten werden Rückfragen und das Unklare geklärt.

- Es wird darauf geachtet, dass jeder Teilnehmer ungefähr gleich viele Redebeiträge bringen kann und darf. M

- Meinungen, die der eigenen Sicht widersprechen, werden trotzdem akzeptiert und nicht mit sogenannten Killerphrasen entwertet.

- Jeder Anwesende sorgt dafür, dass die vorgesehenen Punkte möglichst sachlich und flott abgearbeitet werden.

- Im Meeting herrscht eine angenehme Atmosphäre mit gegenseitiger Wertschätzung und zeitgemäßen Umgangsformen.

   Dazu gehören gegenseitige Begrüßung und Verabschiedung.

Das Meeting beenden

Sie sind nun am letzten Tagungsordnungspunkt angekommen und haben diesen erfolgreich besprochen.

Geben Sie Ihren Teilnehmern die Möglichkeit, Ungeplantes oder Unvorhergesehenes oder möglicherweise sogar Dringendes jetzt noch ins Meeting einzubringen.

Obwohl es immer sinnvoll ist, wenn diese Punkte vorab bei Ihnen angemeldet wurden (allein schon aufgrund der Zeitplanung), kommt Unvorhergesehenes doch immer mal wieder vor.

Überlegen Sie, ob der eingebrachte Punkt für alle Anwesenden Relevanz aufzeigt und im Meeting bearbeitet werden muss.

Falls nicht, planen Sie diesen Punkt für das nächste Meeting ein.

Handelt es sich um einen Punkt, der nicht alle Anwesenden betrifft, können Sie mit dem betreffenden Teilnehmer nach Beendigung des Meetings einen Austausch anhängen oder einen späteren Gesprächstermin vereinbaren.

Bedanken und verabschieden

Bedanken Sie sich bei den Teilnehmern für die Teilnahme am Meeting. Sie mögen denken, dass die Teilnehmer ja sowieso kommen mussten oder für sie ja kein Nachteil entstand, da das Meeting während der Arbeitszeit stattfindet.

Obwohl das richtig sein kann, zeigen Sie durch das Dankeschön eine gewisse Wertschätzung den Anwesenden gegenüber.

Nicht nur dafür, dass sie ihren üblichen Arbeitsfluss unterbrochen haben, sondern dass sie (hoffentlich) auch konstruktiv mithalfen, das Meeting zu einem erfolgreichen Abschluss zu bringen.

Abschließend verabschieden Sie sich und weisen gegebenenfalls auf das nächste Meeting hin.

Meeting erfolgreich vorbereitet

Liebe Leserin, lieber Leser, Sie haben in diesem ersten Teil des Handbuchs Hinweise erhalten, wie Sie sich als Moderator ‚menschlich' Ihren Teilnehmern gegenüber verhalten können.

Von Ihnen wird Emotionalität und Empathie verlangt, wohl gemerkt neben den fachlichen Kenntnissen und den organisatorischen Aufgaben.

Es sollte klar geworden sein, dass ein vernünftiges Meeting ‚nicht eben mal so' aus dem Ärmel geschüttelt werden kann. Solche Verhaltensmuster müssen Ausnahme-Situationen vorbehalten bleiben.

Gerade bei regelmäßig stattfindenden Meetings gräbt sich eine vernünftige Struktur in das Gedächtnis der Teilnehmenden ein, sodass von Meeting zu Meeting immer effektiver gearbeitet werden kann.

In der Praxis zeigt sich immer wieder, dass zeitlich kurze Meetings, die regelmäßig wöchentlich stattfinden, deutlich bessere Ergebnisse bringen als monatliche Meetings, in denen stundenlang diskutiert wird.

Die Entscheidung, wie vorzugehen ist, hängt selbstverständlich auch mit der Unternehmensphilosophie zusammen.

Sobald es Ihnen gelungen ist, eine sinnvolle Meeting-Kultur zu leben, werden Sie feststellen, wie wertvoll die Gedanken und die Mitarbeit Ihrer Teilnehmer in diesen Runden werden können.

Sehen Sie deswegen Meetings nicht als vergeudete, sondern als wertvolle Zeit an. Gutes Gelingen in Ihren Meetings.

Teil 2 – Das 5-Phasen-Modell

In fünf Phasen zum Erfolg

Zügig zu einem greifbaren Ergebnis kommen

Liebe Leserin, lieber Leser, selbstverständlich gibt es viele Möglichkeiten, ein Meeting sinnvoll zu leiten. In diesem Kapitel werden wir uns verstärkt auf ein Modell ausrichten, das sogenannte 5-Phasen-Modell.

Dieses Modell hat sich in der Praxis sehr gut bewährt.

Erstens ist das Modell übertragbar auf vergleichbare Abläufe.

Zweitens schaffen es die fünf Phasen, eine deutliche und überschaubare Struktur vorzugeben, an der sich nicht nur der Moderator, sondern auch die Teilnehmer gut orientieren können.

Bei entsprechender Transparenz weiß jeder Beteiligte, in welchem Bereich des Ablaufes gerade gearbeitet wird und behält so den Überblick.

Durch den aufbauenden Ablauf kann vermieden werden, dass immer wieder wiederholende ‚Schleifen' auftreten. Eine ‚Verzettelung' in der Vorgehensweise wird vermieden.

Das geschähe, wenn einer der Teilnehmer auf einen Punkt zurückkehrt, der in einer abgeschlossenen Phase bereits besprochen wurde. Diese Schleifen kosten in der Regel Zeit, wird doch bereits Bearbeitetes erneut diskutiert.

Weiter kann jeder verfolgen, wie viel Zeit ungefähr noch benötigt wird, um die letzte Phase zu erreichen.

Bekanntlich hilft eine sichtbare Struktur manchem Teilnehmer sich besser zu orientieren. Er fühlt sich dann wohler im Meeting und ist eher bereit auch konstruktiv mitzuarbeiten.

Der letzte Punkt zu diesem 5-Phasen-Modell ist auch ein relativ wichtiger Punkt: nämlich die Zeit.

Sie werden feststellen, dass Sie enorm Zeit sparen können, wenn Sie der Struktur des Modells folgen.

Wendet der Autor dieses Handbuchs dieses Modell in Seminaren oder in Workshops an, sind die Teilnehmer oft verwundert, wie schnell sie zu einem Ergebnis kommen konnten, obwohl eingangs das Thema recht komplex wirkte.

Klare Vorgehensweise

Die 5 Phasen eines Meetings

In einem Meeting soll ein <u>gemeinsames</u> Ziel erreicht werden und es wird eine von <u>allen</u> Teilnehmern akzeptierte weitere Vorgehensweise festgelegt.

Wie es der Name des Modells schon vorgibt, sind fünf Unterteilungen in der Vorgehensweise vorgesehen. Da die 4. und die 5. Phase in zwei zusammenhängende Unterbereiche getrennt werden, könnte auch von einem 7er-Modell gesprochen werden.

1. und 2. Phase

Die 1. und 2. Phase zeigen das Problem auf und stellen das gewünschte Ziel dar. Die beiden Phasen können gegeneinander getauscht werden (zuerst das Ziel formulieren, dann das Problem beschreiben).

3. Phase

Die 3. Phase bringt Erklärungen, weshalb es überhaupt zu Problemen kommt oder kam.

Gäbe es diese Probleme nicht, wäre das Ziel ja bereits erfüllt.

Je intensiver sich in der 3. Phase ausgetauscht wird, desto einfacher wird später eine Lösungsfindung erfolgen können.

4. Phase

Es werden Lösungsvorschläge gesammelt, anschließend gewertet und bewertet. Hierzu wird im dritten Teil des Handbuchs beim Thema Brainstorming erneut eingegangen.

5. Phase

Die abschließende 5. Phase fasst einen Entschluss, der sich auf die Bewertung der Phase 4 bezieht und klärt, wer was bis wann erledigt.

Aufbau der 5 Phasen

1. Phase	Aufgabendefinition	Wo stehen wir, wo tut's weh?
2. Phase	Zielformulierung	Wo wollen wir hin?
3. Phase	Aufgabenanalyse	Woran liegt es?
4a. Phase	Sammeln von Lösungsvorschlägen (Keine Wertung!)	Welche Wege gibt es?
4b. Phase	Bewertung der Lösungsvorschläge	Welchen Vor- und welchen Nachteil bringt uns dieser Vorschlag?
5a. Phase	Entschlussfassung	Welchen Weg werden wir jetzt einschlagen?
5b. Phase	Aktionsplanung (Zielsetzung)	Die nächsten Schritte sind ... Wer erledigt was bis wann?

Realistische Zielsetzung (zu Phase 2)

Wohl jeder wird sich irgendwann irgendwelche Ziele setzen. Sind diese denn realistisch und erfolgversprechend?

Ziele sind dann realistisch gesteckt, wenn sie:

- genau definiert sind
  - Was soll erreicht werden?
  - Bis wann muss das Ziel erreicht werden (mit genauem Datum und Uhrzeit)?
  - Unter welchen Voraussetzungen wird vorgegangen?
- realisierbar sind
  - Die Chance, das Ziel zu erreichen muss realistisch und das Ziel selbst realisierbar sein. Das heißt, dass das Ziel grundsätzlich erreichbar sein soll. Fiktives und Utopisches gehören nicht hierher.
- kontrollierbar sind
  - Anhand konkreter Zahlen und Daten muss sich später überprüfen lassen, ob und inwieweit die Ziele erreicht wurden.

    Schwammig Formuliertes oder nicht Messbares verwässert das Ziel. Es ist nicht sicher, ob das Ziel tatsächlich erreicht wurde.
- gesetzeskonform sind
  - Das Ziel darf den Regeln der Unternehmensethik nicht widersprechen.
  - Das Ziel darf nicht gegen Gesetze verstoßen.
  - Das Ziel des Unternehmens muss abteilungsübergreifend abgestimmt sein.

    Es darf keine innerbetriebliche Konkurrenz entstehen.
  - Jeder Gesprächspartner ist mit dem gesetzten Ziel einverstanden. Nur wenn alle mitziehen, kann das Ziel erreicht werden.

Ist nur einer im Team gegen das Ziel, muss ein neues Ziel gesucht werden, bis auch der letzte Teilnehmer zustimmt.

So kann die Zielabsprache viel Zeit in Anspruch nehmen.

Manchmal ist das Ziel von ‚höherer' Stelle vorgegeben, sodass sich eine Diskussion erübrigt.

- personen- beziehungsweise teambezogen sind

  o Es ist genau festgelegt, wer was dazu beiträgt, das Ziel zu erreichen.

Smart-Prinzip

Häufig wird in diesem Zusammenhang auf das Smart-Prinzip hingewiesen. Dabei stehen die Anfangsbuchstaben (alternative Benennungen sind möglich) für:

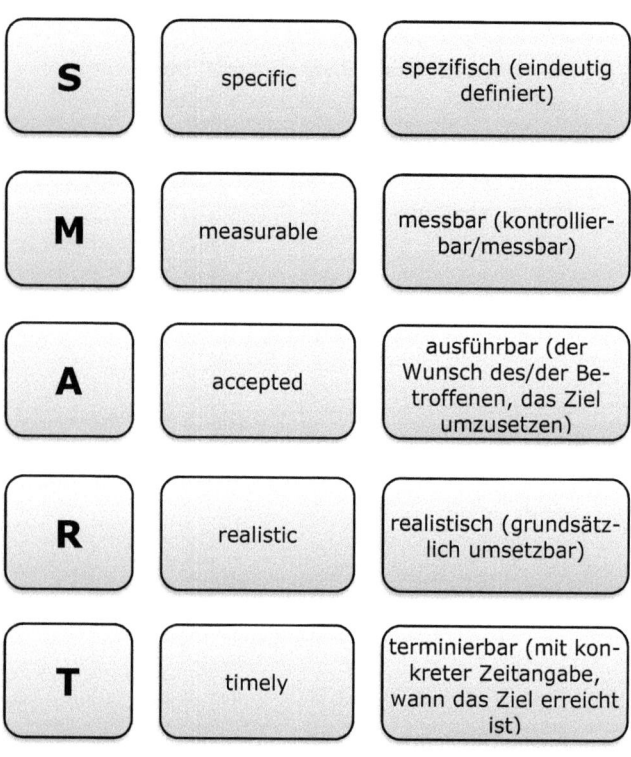

S	specific	spezifisch (eindeutig definiert)
M	measurable	messbar (kontrollierbar/messbar)
A	accepted	ausführbar (der Wunsch des/der Betroffenen, das Ziel umzusetzen)
R	realistic	realistisch (grundsätzlich umsetzbar)
T	timely	terminierbar (mit konkreter Zeitangabe, wann das Ziel erreicht ist)

Realistisches und unrealistisches Ziel

Nach den oben aufgelisteten Punkten gilt demnach

- nicht als realistisches Ziel:

  o „Ich will in Zukunft besser mit meinen Kollegen um-
    gehen.''

Dieses Ziel ist nicht kontrollierbar, weil das Wort ‚besser'
schwierig fassbar und kaum zu messen ist.

Auch die Zukunft ist lang gestreckt. Heute? In zehn Jahren?

- Als realistisches Ziel gilt:

  o „Ab morgen begrüße ich jeden meiner Kollegen mit
    einem freundlichen Lächeln.''

Hier ist klar, wer (ich) was (Begrüßung mit Lächeln) und ab
wann (ab morgen) tut.

Das Ergebnis ist kontrollierbar (messbar) und verstößt gegen keine Gesetze.

Beispiel 1 einer Vorgehensweise nach dem 5-Phasen-Modell

An diesem Beispiel wird die Vorgehensweise anhand eines Problems eines fiktiven Nahverkehrsunternehmens geschildert.

Die folgenden Beispiele sind genau als solche zu sehen.

Verantwortliche verschiedener Abteilungen eines ‚echten‘ Unternehmens, die am Meeting teilnehmen, hätten bestimmt weitere Ideen und Beobachtungen beizutragen.

Angesetzte Zeit: etwa eine Stunde.

Die Gesprächsteilnehmer sind Abteilungsleiter und Abteilungsleiterinnen eines städtischen Nahverkehrsunternehmens. Nach der Begrüßung folgt:

1. Phase:

Kunden beschweren sich über Unpünktlichkeit.

2. Phase:

Wir werden bis zum 01.07.20xx eine 100%ig pünktliche Abfahrtszeit erreichen.

3. Phase:	• Pkw blockieren die Straßenbahngleise.
Gründe, weshalb das Ziel noch nicht erreicht ist.	• Fahrgäste steigen zu langsam ein beziehungsweise aus.
	• Schlechte Abstimmung der Fahrzeiten im Berufsverkehr.

4a. Phase: Jeder schlägt Möglichkeiten zur Lösung vor.	• Jeder Gesprächsteilnehmer wird zu wenigstens einem Vorschlag aufgefordert (sonst besteht die Gefahr: „Ich schließe mich den Worten meines Vorgängers an!").
Achtung: Diese Vorschläge werden nicht gewertet (zum Beispiel durch Killerphrasen, auch nicht durch Kopfnicken beziehungsweise Kopfschütteln), um weitere Ideen nicht sofort im Keim zu ersticken.	• Je mehr Vorschläge eingehen, desto besser.
	• Je ‚verrückter‘ die Vorschläge, desto eher lässt sich eine neue Lösung finden (an die zuvor niemand gedacht hätte).
	• Brainstorming. Der Reihe nach nennt jeder spontan einen Vorschlag.

o Alle diese Vorschläge werden festgehalten.

o Jeder schreibt seine Vorschläge unbeeinflusst auf Meta-Plan-Karten (Das sind Karten in verschiedenen Farben, zum Beispiel im Format DIN lang/quer).

o Für jeden Vorschlag wird eine Karte verwendet. Anschließend werden alle Karten an eine Pinnwand geheftet.

4b. Phase:

Die Vorschläge werden nach Zusammengehörigkeit sortiert und dadurch gruppiert.

In einer Diskussion werden Ideen, Pros und Kontras ausgetauscht und schließlich gewertet.

• Über die sinnvolle Anwendbarkeit der einzelnen Vorschläge und über ihre Priorität kann auch nach Mehrheiten abgestimmt werden. Es kann auch vereinbart werden: wenn alle Gesprächsteilnehmer einen bestimmten Vorschlag annehmen, wird dieser Vorschlag in die Phase 5 übernommen.

5. Phase:

Es wird der Entschluss gefasst, welcher Vorschlag umgesetzt werden soll.
Eine realistische Zielsetzung wird ausgearbeitet.

• Wer erledigt was bis wann ...?

Beispiel 2 einer Vorgehensweise nach dem 5-Phasen-Modell

Angesetzte Zeit: etwa eine Stunde.

Die Gesprächsteilnehmer sind als Spezialisten in eine Projektgruppe einberufen. Sie beschäftigen sich mit der Unpünktlichkeit des öffentlichen Nahverkehrs.

1. Phase:
 	
Problemdefinition.
	• Wo stehen wir? Wo tut's weh?
	
	• Kunden beschweren sich über Unpünktlichkeit.
	
	  o Sie sammeln Daten. Es ist auch denkbar, dass Sie die Daten aus einer Umfrage/Kundenbefragung entnehmen.
	
	  o Spontane Benennung der Probleme durch die einzelnen Teilnehmer der Gesprächsrunde.
	
	  o Dabei werden die geäußerten Punkte beziehungsweise Probleme lediglich gesammelt und zwar ohne jegliche Wertung.
	
	  o Die gesammelten Punkte werden festgehalten (Flipchart, Memo-Karten, Aufzeichnungen usw.). Beispiele:
	
	    ▪ Ansteigen von Kundenreklamationen.
	
	    ▪ Zu hohe Personalkosten durch Fehlzeiten.
	
	    ▪ Schlechter Kundenservice.
	
	    ▪ Zu ungünstiger Einkauf.
	
	  o Probleme gewichten.

	o Rang, Reihenfolge oder Priorität wird definiert.
	o Die Beteiligten entscheiden über die Reihenfolge der Bearbeitung. Gegebenenfalls wird ein Punkt nach dem anderen anhand des 5-Phasen-Modells abgearbeitet.
2. Phase: Zielformulierung.	• Wo wollen wir hin? Was wollen wir erreichen? o Die Gruppe entscheidet, welches Ziel realisiert werden soll und bestimmt das Ziel (im Sinne des Team-Gedankens – möglichst einstimmig).
3. Phase: Problemanalyse.	• Woran liegt es? o Die Arbeitsgruppe ermittelt die Gründe für die aufgetretenen Schwachstellen.
4a. Phase: Vorschlag möglicher Lösungen beziehungsweise Lösungswege, um weitere Ideen nicht sofort im Keim zu ersticken.	• Welche Wege gibt es? o Die Gruppe erarbeitet Lösungsmöglichkeiten und formuliert sie in Form konkreter Vorschläge.
4b. Phase: Bewerten der Lösungsvorschläge.	• Was wird umgesetzt? o Die Gruppe entscheidet, welche der erarbeiteten Lösungsalternativen in die Praxis umgesetzt werden sollen. o Fachleute und Spezialisten können hinzugezogen werden.

5a. Phase: Entschlussfas- sung.	• Welchen Weg werden wir jetzt einschlagen? • Der Vorschlag wird der Geschäftsleitung präsentiert und zur Entscheidung vorgelegt. • Diese beschließt dann gemeinsam mit dem Team den Weg der praktischen Umsetzung.

5b. Phase:
 	
Aktionsplanung (realistische Zielsetzung).
	• Die nächsten Schritte sind … Wer erledigt was?
	
	  o Die Gruppe entscheidet, wer bis wann welche Ziele erreichen soll. Der Lösungsvorschlag wird umgesetzt.
	
	  o Unabhängig von der Umsetzung erfolgt später eine sogenannte Erfolgskontrolle. Dabei wird geprüft:
	
	    ▪ Gibt es bei der Umsetzung Verzögerungen oder Terminschwierigkeiten?
	
	    ▪ Weicht der vorgesehene Lösungsweg von der vorgeschlagenen Lösung ab? Wenn ja, was sind die Gründe? (Dann gegebenenfalls ein neues 5-Phasen-Modell). Vielleicht haben sich neue Erkenntnisse ergeben?
	
	    ▪ Sind alle erkannten Probleme beseitigt worden?
	
	• Sind noch Probleme offen geblieben?

\multicolumn{2}{l}{Und generell: Ist nur eine Erfolgskontrolle ausreichend oder sind in bestimmten Zeitabständen weitere Erfolgskontrollen notwendig?}

Der Fünfsatz – In 5 Schritten (Phasen) zum Ziel

An zwei Beispielen eines fiktiven Nahverkehrsunternehmens wurde der Ablauf des Gespräch-Modells gezeigt. In vielen weiteren Bereichen lässt sich das 5-Phasen-Modell einsetzen. Hier einige Anwendungsbeispiele:

Fünfsatz – Bei neuen Herausforderungen

Weiter oben wurde bewusst das Wort ‚Problem' verwendet, da es häufig aufgrund solcher Wörter erst ins Bewusstsein kommt, um eine Aktion zur Lösung starten zu lassen.

Jetzt wird das Wort ‚Problem' durch das Wort ‚Herausforderung' ausgetauscht. Das klingt nicht so negativ. Eine Herausforderung spornt eher an.

Das Leben stellt jede Menge Herausforderungen, die bewältigt werden können. Übertragen auf einen Fünfsatz könnte das wie folgt aussehen.

1. Phase	Begegnung mit einer Herausforderung.
2. Phase	Lokalisieren und Präzisieren der Herausforderung.
3. Phase	Ansatz möglicher Lösungen zur Bewältigung der Herausforderungen.
4. Phase	Durchdenken der Folgen des Ansatzes.
5. Phase	Ständige Beobachtungen und Anpassung.

Fünfsatz – Lösen von Konflikten

Konflikte sind schon etwas kribbeliger als Herausforderungen. Werden Konflikte nicht gelöst, kann es zur ungewollten Eskalation kommen.

Die Folgen können erheblichen Schaden erzeugen, nicht nur im finanziellen und im sozialen Bereich.

Also: Konflikte sofort lösen! Dazu gehört natürlich auch, dass Sie den Konflikt als solchen wahrnehmen.

1. Phase	Konflikt-Wahrnehmung.
2. Phase	Bewusstmachen von Empfindungen.
3. Phase	Fähigkeit, Gefühle zu äußern.
4. Phase	Sprachliches Verständigungsvermögen analysieren.
5. Phase	Bereitschaft zum Gespräch zeigen.

Fünfsatz – In der Lernpsychologie

Wir befinden uns im Bereich der Soft Skills – der ,weichen'
Fähigkeiten. Kommen das Menschliche und die Psychologie
dazu, wird das Thema gegebenenfalls noch weicher, noch
weniger greifbar.

Umso wichtiger ist eine ,harte' Vorgehensweise.

Wie schnell wird mancher als ,faul' bezeichnet, weil er nicht
so gut lernt wie andere. Vielleicht fehlt aber nur die Motivation?

1. Phase	Motivation erzeugen.
2. Phase	Ausrichten auf ein Ziel.
3. Phase	Lösungswege finden.
4. Phase	Versuch und Irrtum (Fehler dürfen gemacht werden).
5. Phase	Lösungsverstärkung oder Anwendung beziehungsweise Umsetzung.

Fünfsatz – Im Management

Der Fünfsatz im üblichen Managementgeschehen ist schnell erklärt und erkannt.

Sobald die Schwierigkeit definiert ist, kann zwischen Istwert und Sollwert unterschieden werden.

Daraus folgen die Lösungsvorschläge, die in eine Entscheidung münden.

Der Fünfsatz ist klar zu erkennen.

1. Phase	Schwierigkeit
2. Phase	Istwert
3. Phase	Sollwert
4. Phase	Lösungsvorschläge
5. Phase	Entscheidung und Anweisung

Fünfsatz – Beim generellen Lösen von Problemen

Natürlich gilt der klassische Fünfsatz, den wir weiter oben als 5-Phasen-Modell beschrieben haben, auch bei der Lösung von Problemen.

Hier die Übersicht.

1. Phase	Problemlösung
2. Phase	Zielformulierung
3. Phase	Problemanalyse
4a. Phase	Sammeln von Lösungsvorschlägen
4b. Phase	Bewerten von Lösungsvorschlägen
5. Phase	Entschlussfassung, Aktionsplanung?

Fünfsatz – In der Rhetorik

In der Rhetorik bei Überzeugungsgesprächen, Kritikgesprächen, Reden, Vorträgen und vielen anderen mehr, passt der Fünfsatz ideal.

Bei manchen Rednern ist diese Struktur genau zu hören, was den Vortrag gut nachvollziehen lässt.

In der 5. Phase wird gerne ein Appell an die Zuhörer geäußert, der zum Handeln auffordert. „Steht auf, geht in die Welt und …"

1. Phase	Weshalb spreche ich wen an?
2. Phase	Was ist augenblicklich?
3. Phase	Was müsste sein? Wie sollte es zukünftig aussehen?
4. Phase	Wie ist es zu erreichen?
5. Phase	Aufforderung zum Handeln, zum Beispiel ein Appell.

Zeitachse im Fünfsatz

Bei den meisten der genannten Fünfsätze lassen sich gewisse chronologische Zeitfenster erkennen.

Häufig ergibt sich die zeitliche Abhandlung der einzelnen Phasen wie folgt:

Phase	1	2	3	4	5
Zeit in %	5	20	25	40	10

Die angegebenen Daten sind selbstverständlich nicht bindend. Und je länger eine Präsentation wird, desto relativ kürzer werden die Phasen 1 und 5.

Wenn Sie beispielsweise eine Stunde für das Meeting ansetzen, können Sie die angegebenen Prozent-Zahlen auf die Minuten übertragen.

Sie behalten bei dieser oder einer ähnlichen Einteilung den Überblick der Zeit.

Persönliches Phasen-Modell nach einem Schock

Hier wird der Fünfsatz um zwei Phasen auf insgesamt sieben erweitert.

Sollten Sie einmal von einem Teilnehmer, Kollegen, Vorgesetzten, Nachbarn verbal angegriffen werden zum Beispiel über ein (in Ihren Ohren) negativ klingendes Feedback, dann können Sie sehr gut das 7-Phasen-Modell zugrunde legen.

1. Phase	Schock
2. Phase	Verneinung
3. Phase	Einsicht
4. Phase	Emotionale Akzeptanz
5. Phase	Austesten
6. Phase	Rationale Akzeptanz
7. Phase	Zielsetzung

Das 7-Phasen-Modell zur Überwindung eines Schockerlebnisses

Beispielhaft werden hier bei den einzelnen Phasen die menschlichen Verhaltensmuster und Gedanken aufgelistet.

Der Schock wurde ausgelöst.	
1. Phase: Sie erfahren einen so genannten Schock.	• Kritik, • Feedback, • Reklamation, • Selbsterkenntnis.
2. Phase: Sie verneinen.	• „Der Spinner!"
3. Phase: Sie erleben eine rationale Einsicht	• „‚Eigentlich' stimmt es ja."
4. Phase: Sie stimmen einer emotionalen Akzeptanz zu.	• „Er hat ja Recht."
5. Phase: Sie testen aus.	• Brainstorming o Sammeln von Ideen und Lösungsvorschlägen

6. Phase:
 	
Sie akzeptieren.
	• Brainstorming
	  o Wertung
	  o „Das kann ich tun!"
	• Ergebnisfindung

7. Phase:
 	
Sie setzen ein realistisches Ziel.
	• Realistische Zielsetzung
	  o Wer? (= ich)
	  o Was?
	  o Bis wann?
	  o Wo?
	• „Ich tue es."

In 5 Schritten zum Ziel

Liebe Leserin, lieber Leser, sind Sie in fünf oder sieben Schritten zum Ergebnis gekommen? Vielleicht brauchen Sie auch etwas mehr, als die geplante Struktur vorgibt.

Bitte berücksichtigen Sie, dass es sich hier um ein Modell handelt. Dieses Modell soll Interessierten helfen, in geordneten und nachvollziehbaren Schritten in relativ kurzer Zeit einen greifbaren Gesprächserfolg zu erzielen.

Dem Autor dieses Handbuchs fällt immer wieder auf, wie schwierig es in der beruflichen Praxis für viele ist, in der Rolle des Moderators möglichst neutral zu bleiben.

Weiterhin ist festzustellen, dass die meisten Teilnehmer dazu neigen, ständig – damit ist gemeint in jeder Phase – zu bewerten.

Sie kritisieren, sie loben, sie fangen gerne sofort an zu diskutieren und versuchen, die anderen von der eigenen Meinung zu überzeugen.

Es scheint in der Natur des Menschen zu liegen, andere Ideen sofort bewerten zu müssen.

Selbst wenn dieses Vorgehen nicht unbedingt als schlecht zu betrachten ist, zeigt sich in der Realität immer wieder, dass durch diese (ungewollte) Vorgehensweise Zeit vergeudet wird.

Plötzlich kommt ein klitzekleines Pünktchen auf, das von allen kommentiert werden will.

Vielleicht hat dieser Punkt aber überhaupt nichts auf dem Lösungsweg zum Ziel verloren. Trotzdem wird sich an ihm schier endlos abgearbeitet.

Als Empfehlung darf ausgesprochen werden, dass Sie das Ziel schriftlich und sichtbar für alle anschreiben.

Selbst wenn zu Beginn des Meetings für jeden Anwesenden klar ist, wohin der Weg laufen sollte, kann es sein, dass dieser im Laufe des Geschehens aus den Augen verloren wird.

Beispielsweise wird plötzlich nicht mehr über ‚Pünktlichkeit‘, sondern über ‚Sauberkeit‘ diskutiert. Allzu oft kommt es dann vor, dass in eine ganz andere Richtung weitergesprochen wird.

Wie soll das ursprünglich gesetzte Ziel erreicht werden, wenn – vorerst unbemerkt – gar nicht mehr darauf hingearbeitet wird?

Es steht Ihnen frei, mit dem aufgezeigten 5-Phasen-Modell zu experimentieren, sei es im Meeting oder in einem klassischen Zweier-Gespräch.

Sollten Sie selbst vor einem zu bewältigenden Problem stehen, können Sie ebenso mithilfe dieses Modells vorgehen.

Sie beantworten sich dann selbst die Fragen zu jeder Phase. Bleiben Sie möglichst emotionslos, können Sie tatsächlich auch den Weg zum gewünschten Ziel erreichen.

Eine gewisse Disziplin ist einzuhalten. Der Erfolg rechtfertigt anschließend das disziplinierte Vorgehen.

Guten Erfolg in der individuellen Handhabung oder in Ihrem Meeting.

Teil 3 – Brainstorming – kreativ und verrückt denken

Die mentalen Möglichkeiten ausschöpfen

„Bleibe auf dem Teppich und spinne nicht rum!"

Liebe Leserin, lieber Leser, kaum einem wird es negativ auffallen, wenn die dreijährige Johanna mit leuchtenden Augen und unter vollem Einsatz ihrer Gestik und Mimik begeistert vom Zusammentreffen mit einem weißen Einhorn berichtet.

Johanna und das weiße Einhorn

Johanna wird ihr fiktives Erlebnis in allen Details schildern können. An jede Einzelheit kann sie sich erinnern. Die anwesenden Erwachsenen werfen sich verstohlen aber lächelnde Blicke zu, bewundern sie doch die Kreativität des Kindes. Vielleicht helfen sie sogar dabei, durch Rückfragen und Ergänzungen die Geschichte zu erweitern.

Die bewundernswerte mentale Kraft des Kindes

Erwachsene freuen sich darüber, dass das erst dreijährige menschliche Lebewesen die mentale Kraft hat, sich solche Geschichten auszudenken und diese bildhaft zu beschreiben.

Betrachten wir hingegen ganz nüchtern, was geschehen ist, so müssten wir sagen, dass Johanna – freundlich ausgedrückt – sehr stark geflunkert hat. Das macht nichts, Johanna ist ja ‚nur' ein Kind.

Alles nur gelogen

Zwanzig und mehr Jahre später würden Sie Johanna bedauernd belächeln, wollte sie uns eine Geschichte eines weißen Einhorns erzählen. Sie gingen davon aus, dass alles von hinten bis vorn erlogen wäre. Sie würden ihr nicht glauben.

Die Kreativität verschwindet

Sobald ein Mensch in das Ausbildungssystem (Schule, Universität und so weiter) eintritt, zählen offensichtlich nur noch knallharte Fakten.

Unser Gehirn wird mehr und mehr darauf trainiert, wissenschaftlich Belegbares zu analysieren und zu besprechen. Die Kreativität verschwindet nach und nach.

Allerdings verschwindet nicht die Möglichkeit, kreativ zu denken. Es ist nur oft im gesellschaftlichen und beruflichen Umfeld nicht erwünscht oder gegebenenfalls sogar verpönt.

Eine Welt ohne Kreativität, ohne übertriebene Vorstellungskraft, ohne visionäres Denken wäre sehr wahrscheinlich ausgesprochen trostlos.

Abgesehen davon könnten wir gar nicht so leben wie wir es jetzt tun.

Kreativität ins Spiel bringen

Weshalb blockieren wir uns denn in diesem Bereich immer selbst? Wer bestimmt, dass alles nur rational und logisch durchdacht werden darf und soll? Bestimmt das unsere Gesellschaft?

Falls ja, dann können wir den Zeigefinger an die eigene Nasenspitze halten, ist doch ein jeder von uns Teil dieser Gesellschaft.

Also schauen wir uns an, wie wir die Kreativität deutlicher ‚ins Spiel' bringen können.

Farbe ins Leben bringen

In diesem Teil werden wir ein bekanntes Modell mit den ‚Farbhüten' kennenlernen. Selbstverständlich ist es möglich, wie bei allen möglichen Modellen, dieses situationsbedingt so anzupassen, wie es Ihnen am besten gefällt.

Betrachten Sie deswegen das Modell tatsächlich als solches. Genauer gesagt bietet es Ihnen die Möglichkeit, Einblick in eine andere Gedankenwelt zu gewinnen.

In die Gedankenwelt anderer Gesprächsteilnehmer, die dieselbe Herausforderung anders betrachten und bewerten als Sie selbst.

Wir werden uns den Begriffen Innovation und Fantasie widmen und überlegen, weshalb Alternativen zum gängigen Vorgehen gefunden werden können beziehungsweise sollen.

Die unsichtbare Wand

Schließendlich tauchen wir in den Themenbereich der Perspektiven und der Paradigmen ein.

Wir erkennen, wie sich um uns beziehungsweise unsere Gesellschaft eine unsichtbare Wand bildet, genauer gesagt bilden muss.

Es wird allerdings auch gezeigt, wie wichtig es ist, diese Wand zu durchbrechen, um gesellschaftlich und beruflich erfolgreich zu werden.

Am Ende des Kapitels wird auf das Thema ‚Brainstorming‘ eingegangen.

Und zwar an einem Beispiel, das sich auf die Phase 4a (Sammeln von Informationen) im 5-Phasen-Modell bezieht.

Unkonventionell vorgehen

Der Appell an Sie lautet: Scheuen Sie sich nicht, in der Rhetorik auch mal etwas ‚anders‘ oder unkonventioneller vorzugehen als üblich.

Heben Sie ruhig einmal auf Ihrem Teppich ab und nehmen eine andere Perspektive ein.

Kreativität und Verrücktsein

„Wie denken die anderen?"

Da sitzen Sie Ihnen nun gegenüber, Ihre Geschäftspartner, Kollegen oder Mitarbeiter.

Sie sind zusammen in einem Meeting und wollen eine für alle Parteien zufriedenstellende Lösung finden.

Durch Ihre gute Vorbereitung wissen Sie, was Sie sagen und wie Sie argumentieren wollen

Verständlicherweise gehen Sie davon aus, dass Ihnen nicht alle Anwesenden sofort und zustimmend um den Hals fallen werden.

Ihre Erfahrung hat Sie gelehrt, dass mit anderen Ansichten und Argumenten zu rechnen ist.

Gegebenenfalls sogar mit solchen, die Ihren eigenen Überlegungen völlig entgegenlaufen. Das würde Ihre Stimmung nicht unbedingt heben.

Wie schön wäre es deswegen, zu wissen, was der andere denkt, plant und sagen will.

Wäre es nicht reizvoll, sozusagen ‚Mäuschen zu spielen' in der Gedankenwelt der Gesprächsteilnehmer? Puh – welche Vorstellung!

Glücklicherweise ist das (noch) nicht möglich. Vielleicht ermöglicht es die Technik in wenigen Jahren.

Noch können Sie nicht ‚hinter die Stirn' des Gegenübers schauen.

Da dieser Gedanke trotzdem reizvoll erscheint, gibt es das wunderbare Modell der Denkhüte, das uns ermöglicht, einen Sachverhalt zumindest aus anderem Blickwinkel zu betrachten und zu durchdenken.

So können Sie – zumindest in der Theorie – doch in den Kopf der anderen gucken.

Kreativitätstechnik – Die farbenfrohen Denkhüte

Stellvertretend für verschiedene Kreativitätstechniken soll hier das Modell der Denkhüte nach Edward de Bono (britischer Kognitionswissenschaftler, *1933) stehen.

Die Umsetzung dieser Übung kann alleine oder im Team erfolgen.

Gehen wir zuerst davon aus, dass Sie alleine damit arbeiten wollen.

Sie sind mit einer Herausforderung konfrontiert.

Sie überlegen in alle Richtungen, drehen hin und her, verbringen schlaflose Nächte, kommen aber einfach nicht zum Ergebnis.

Woran mag das liegen? Das ist relativ einfach zu beantworten. Sie können verständlicherweise nur so denken, wie es Ihr eigenes Gehirn ermöglicht. Ihnen fehlt sozusagen das Input von anderen Personen.

De Bono schlägt nun vor, dass Sie der Reihe nach jeweils einen der farbigen Hüte aufsetzen.

Dabei können Sie sich tatsächlich eine farbige Kopfbedeckung aufsetzen oder ersatzweise einen entsprechenden Farbstift vor sich legen oder auch nur die Bezeichnung der Farbe auf einen Zettel schreiben.

Das hilft, in eine andere ‚Rolle' zu schlüpfen.

Von der eigenen Gedankenwelt Abstand nehmen

Wichtig ist lediglich, dass Sie nun anfangen zu überlegen und zu denken, wie es der aufgesetzte Hut jeweils vorgibt.

Dabei spielt es keine Rolle, wie Sie ‚eigentlich' denken oder argumentieren würden.

Das eigene, übliche Denken soll ausgeschlossen werden, denn es soll ja im Denkmuster einer anderen Person (einer anderen Farbe) gedacht werden.

Demnach so, wie Sie es üblicherweise nicht täten. Ihr Ziel: Sie lernen andere Denkweisen durchzuspielen.

Wie der farbige Hut denkt

In dieser Tabelle zeigen wir auf, wie der jeweilige Mensch (der Mensch mit dem jeweils farbigen Hut) argumentiert und denkt.

Schwarz	Denkt kritisch, ist skeptisch und sieht vor allen Dingen Risiken und Schwierigkeiten.
Weiß	Denkt analytisch, bleibt sachlich und objektiv, ergänzt Fehlendes, sammelt Fakten, Daten und Zahlen.
Gelb	Denkt optimistisch, verbreitet Optimismus, sucht Vorteile, unterstützt Ideen, aber bleibt realistisch.
Grün	Denkt kreativ, findet Alternativen, ist visionär, lässt gedankliche Grenzen außen vor und spielt mit Varianten.
Rot	Denkt emotional, zeigt Gefühle auf, macht auf Störendes aufmerksam und weist auf Nachteile hin.
Blau	Denkt ordnend, ordnet alle Aussagen, zeigt Vor-und Nachteile auf und stellt alles zielorientiert dar.

Die Denkhüte aufsetzen

Nehmen wir ein Beispiel. Sie sind ein Start-Upper und haben eine innovative Idee.

Immer wieder kommen Ihnen Zweifel, ob Ihre Idee erfolgreich realisiert werden kann. Nicht umsonst wälzen Sie sich nachts schlaflos in Ihrem Bett.

Die innovative Idee farbig betrachten

Beginnen Sie nun mit einem der Denkhüte.

Setzen Sie sich beispielsweise zuerst den schwarzen Hut auf, da er ganz oben in unserer Liste steht. Grundsätzlich spielt die Reihenfolge aber keine Rolle.

Noch ein kleiner Hinweis, bevor Sie anfangen: Argumente, die der schwarze Hut vorbringt, müssen von den anderen Farbhüten nicht widerlegt werden.

Am besten in diesem Stand des Spiels gar nicht auf Gegenargumente eingehen.

Sie haben den schwarzen Hut aufgesetzt.	Das heißt, dass Sie Ihre Idee kritisch und skeptisch betrachten.
	Beispielsweise kommen Sie auf folgende Gedanken:

„Mein Produkt ist viel zu teuer.

Vielleicht findet sich niemand, der es herstellen will.

Was mache ich, wenn ich keine Zulassung vom TÜV erhalte?

Wie gehe ich mit Reklamationen um?

Habe ich überhaupt jemanden, der mein Produkt vermarkten wird?"

Es gibt keine Begrenzung von Aussagen, die Sie durchdenken können oder, vielleicht sogar noch besser, aufschreiben.

Begründete Argumentation

Streben Sie an, Ihre Überlegungen in Argumenten zu formulieren, um eine Begründung zu finden. „Mein Produkt ist viel zu teuer, weil der Durchschnittsdeutsche für Waren dieser Art pro Monat nur Euro xx,xx ausgibt."

Das erfordert ein genaueres Nachdenken bei Ihnen und hilft später im Austausch mit den anderen Farbhüten, sich gegenseitig zu überzeugen beziehungsweise zu merken, dass ein Argument unwichtig wird.

Die Hüte austauschen

Unter dem weißen Hut spüren sie keinerlei Emotionen. Sie haben auch keine Bedenken oder Ängste.

Nun setzen Sie den weißen Hut auf.	Ganz sachlich und analytisch sammeln Sie Informationen. Beispielsweise:

„Mein Produkt kostet in der Herstellung Euro 23,72 plus gesetzlicher Umsatzsteuer.

Die mögliche Zielgruppe für mein Produkt liegt laut statistischem Bundesamt bei 432.000 Personen allein in Deutschland.

In Asien gibt es zurzeit ein vergleichbares Produkt, das aber dreimal so viel wiegt wie meines."

Die nüchternen Daten und Fakten liegen auf dem Tisch.

Realistischer Optimismus

Nun ist der gelbe Hut dran.

Setzen Sie den gelben Hut auf.	Hier versprühen Sie Optimismus. Sie heben aber in Ihren Gedanken nicht ab; dafür ist der grüne Hut zuständig. Bleiben Sie bei allem Optimismus realistisch. Hören wir einmal zu, welche Denkweise der gelbe Hut symbolisiert:

„Das wird bestimmt ein Verkaufsschlager.

Vor allem die jungen Leute werden uns dieses Teil aus den Händen reißen.

Der Vorteil an diesem Produkt ist seine Handlichkeit.

Es passt in jede Hosentasche und in jede Handtasche.

Es ist ein Wunder, dass bisher niemand vor uns diese innovative Idee hatte."

Danach setzen Sie den grünen Hut auf, dann den roten und schließlich den blauen.

Berücksichtigen Sie bitte, dass wir beim gezeigten Beispiel immer nur wenige Augenblicke mit einem Hut verbringen.

Wenn Sie wollen, nehmen Sie sich die Zeit, jeden Hut deutlich länger aufzubehalten. Sei es eine Viertelstunde oder gar eine ganze Stunde.

Bei sehr großen Projekten schadet es auch nicht, einen ganzen Tag mit dem gleichfarbigen Hut umherzugehen und sich entsprechende Gedanken zu machen.

Haben Sie alle Hüte durchdacht, sollten Sie viel mehr Überlegungen präsent haben als aus Ihrer eigenen, individuellen und damit subjektiven Sicht.

Sie sehen die gesamte Bandbreite vor sich, was eine Lösungsfindung erleichtern soll.

Das kreative Hutspiel mit Freunden

Wenn Sie das Spiel mit einem Freund oder einer Freundin spielen wollen, setzen Sie sich mit zwei verschiedenfarbigen Hüten gegenüber.

Jeder argumentiert aus seiner Sicht. Und nun können Sie gegenseitig Ihre Argumente entkräften.

Sie werden ganz schnell merken, dass diese Übung nicht nur Spaß bereitet, sondern Ihnen auch die Augen zu bestimmten Ansichten öffnet, die Sie vorher gar nicht hatten.

Jetzt hilft es Ihnen, wenn Sie mit Argumenten arbeiten. Am Ende des Dialogs wird sich zeigen, welche der Argumente kräftiger waren.

So werden Sie erkennen, in welche Richtung sich Ihre Geschäftsidee entwickeln kann.

Sind Sie gar zu sechst in der Runde, sind gleichzeitig alle Hüte (und damit alle Denkrichtungen) vertreten. Es kann zu ganz tollen Überlegungen kommen, die die verschiedenen Argumente aufrufen.

Interessanterweise ist festzustellen, dass einer unter ‚seinem‘ Hut immer besser in die Rolle reinwächst und aus dieser diskutiert. Er wird sozusagen ‚eins‘ mit der Rolle.

Wunderbar.

Die Übung soll allerdings auch die Flexibilität im Denken fördern. Schließlich ist es ja eine Kreativitätstechnik. Wechseln Sie nach vorher festgelegter Zeit die Hüte (zum Beispiel im Uhrzeigersinn). Nun denken beziehungsweise argumentieren Sie aus der neuen (farblichen) Sicht.

Sie werden sich wundern, wie Sie plötzlich unerwartet Argumente finden, die Sie vorher gar nicht in Betracht gezogen hatten.

Vermeiden Sie Argumente aus der Vorrunde einzubringen – diese wurden bereits gehört.

Mental fit bleiben und aktiv handeln

Nutzen Sie Ihre Kräfte, überall nach Alternativen Ausschau zu halten und diese vor allen Dingen auch zu finden.

Gelingt Ihnen das, denken Sie anders als der Durchschnitt der Menschen.

Sie zeigen dann ein flexibles Denken, das Ihnen ermöglicht ‚über den Tellerrand' zu schauen.

Das ist bereits ein hervorragender Einstieg in die Kreativität.

Allerdings genügt es nicht nur über Alternativen nachzudenken; wenn, dann sollten Sie auch aktiv werden.

Sollten Sie ausschließlich in Ihrer Gedankenwelt kreativ sein, nutzt Ihnen das im echten Leben nur bedingt.

Gegebenenfalls würden Sie sogar als Träumer bezeichnet werden.

Sobald es Ihnen gelingt, andere als übliche Gedanken zum Leben zu erwecken, ist ein kreatives Handeln erkennbar und wird wirksam.

Treten Sie rhetorisch „verrückt" auf

Anders denken und nonkonform handeln

Die Kreativität ist der erste Schritt. Der zweite ist die Innovation. Ohne Kreativität könnte es keine Innovation geben.

Schon unsere Vor-Vorfahren waren ausgesprochen neugierig und innovativ. Wären sie es nicht gewesen, säßen wir heute noch vor unseren Höhlen.

Unsere Vorfahren hatten das Glück, dass ihnen die Natur die Gabe vermachte, Neues zu erforschen und immer wieder etwas anderes auszuprobieren.

Der jeweilige Ist-Zustand mag in der aktuellen Situation ausreichend gewesen sein. Vielleicht gab es aber eine bessere Alternative. Deshalb musste ausprobiert werden. So wird die menschliche Entwicklung angeschoben.

Bequemlichkeit macht träge

Weshalb sollte es uns und Ihnen in der heutigen Zeit anders ergehen?

Wir leben ‚gesättigt' und zufrieden mit dem, was wir haben. Bequemlichkeit macht träge.

Tatsächlich sprießen ständig Neuigkeiten um uns herum; scheinbar aus dem Nichts.

Vieles von den neuen Dingen verschwindet genauso schnell, wie es aufgetaucht war.

Das ist weiter nicht schlimm. Denn Fehlversuche helfen dabei, den richtigen – neuartigen und besseren – Weg zu finden.

Rückschläge gehören zur Kreativität

Deshalb muss sich niemand wegen kleiner Rückschläge schämen. Wer kreativ arbeitet nimmt sozusagen von vornherein in Kauf, auch diese Fehlschläge zu ‚erleiden'. Sie gehören dazu.

Wer nichts riskiert, kann nichts großartig Neues leisten.

Kreativität, Innovation und Fantasie

Nehmen wir die beiden Wörter Kreativität und Innovation genauer unter die Lupe.

Das Wort Kreativität kommt vom lateinischen Wort ‚creare‘ und heißt ‚etwas neu schöpfen‘.

Es wird etwas hergestellt oder weiterentwickelt, was es in dieser Art noch nicht gab.

Erst dann, wenn etwas absolut neu ist, wird von Innovation gesprochen. Auch Innovation kommt aus dem Lateinischen (innovare = erneuern) und bedeutet ‚Erneuerung‘.

Das Gabler Wirtschaftslexikon definiert Kreativität als „die Fähigkeit, in fantasievoller und gestaltender Weise zu denken und zu handeln.“

Fantasie

Was bedeutet Fantasie? Das ist schon etwas schwieriger zu beschreiben.

Vielleicht so: Fantasie bedeutet die Kraft, Alternativen zur bestehenden Realität zu finden.

Einen anderen Weg zu suchen und zu finden, als das bisherige Leben uns zeigt.

Bei Innovation verweist die oben genannte Quelle auf eine Neuerung. Grob lässt sich sagen, dass es kreativ wäre, beispielsweise mit einem kugelförmigen Smartphone zu arbeiten, innovativ hingegen, wenn wir damit arbeiten könnten, ohne dass es physisch greifbar vorhanden wäre.

Die Kreativität zeigt eine Alternative zur bestehenden Form. Die Innovation bringt etwas komplett Neuartiges.

Die Fantasie hilft, das Neue zu erahnen.

Kreatives Denken – Creative Thinking

Lässt sich kreatives Denken lernen? Die Fachleute sind sich überwiegend einig und meinen: „Ja".

An einigen Universitäten wird das Fach ‚Creative Thinking' gelehrt.

Das klingt moderner als zu sagen ‚Kreatives Denken', meint aber dasselbe.

Kreatives Denken

Wer kreativ denken kann, der …

… schwimmt vor allem nicht im Mainstream (das ist die Hauptströmung, die die Mehrheit der Menschen einnehmen) mit.

… ist bereit, bisher unübliche Vorgehensweisen zu akzeptieren, zu testen, auszuprobieren.

… dringt in seine eigene Gedankenwelt ein und gräbt bei sich eigene, ihm bisher unbekannte kreative Fähigkeiten aus.

… freut sich über bisher nicht Bekanntes und betrachtet Unbekanntes als positive Herausforderung.

Er freut sich darauf, diese zu meistern.

… will und kann improvisieren – und improvisiert.

… hinterfragt übliche Gewohnheiten und ist bereit, neue Wege auszuprobieren und einzuschlagen.

… eliminiert eingefahrene und teilweise langjährige Denkmuster.

… kennt Denkrahmen, die er sprengt und überwindet. Gleichzeitig hebt er das sogenannte Scheuklappendenken auf. Er schaut nach rechts und links.

… geht Risiken ein, riskiert damit Fehlschläge, hat aber keine Angst vor diesen.

Er wertet sie als Versuche auf dem Weg zum Erfolg.

Alternativen finden

Wie schade wäre es, gäbe es nur einen Weg durchs Leben. Das tägliche Leben ist unendlich vielfältig. Nutzen Sie dieses Angebot an Varianten.

Auch wenn Sie möglicherweise denken, dass der bisher eingeschlagene Weg der einzige und richtige ist, wird Ihnen niemand eine Garantie für diese Meinung geben.

Alternativen ausprobieren

Probieren Sie eine Alternative aus. Sollten Sie merken, dass Ihnen die Alternative nicht zusagt, finden Sie eine weitere Möglichkeit oder kehren Sie zur ersten zurück.

Der kreativdenkende Mensch weiß natürlich, dass es zu jeder Situation immer wieder Alternativen gibt.

Manchmal sind sie nicht sofort erkennbar, was bedeutet, dass sie gesucht und vor allem gefunden werden müssen.

Einschränkung verhindert Entfaltung

Je enger gedankliche Grenzen gezogen sind, desto weniger kann sich ein Mensch mental entfalten.

Deshalb weiß der kreativdenkende Mensch, dass es beim Denken und beim Vorschlagen von Ideen keine gedanklichen Einschränkungen geben darf.

Bekanntlich sind Gedanken frei.

Lassen Sie ihnen ihren Lauf. Sie werden viel Neues finden, das zum Ausprobieren reizt.

Schuld und Schuldzuweisung

Weiter oben haben wir festgehalten, dass das kreative Denken ein gewisses Risiko birgt, da Sie sich auf neuem Terrain bewegen.

Fehler sind deswegen nicht ausgeschlossen; sie gehören dazu.

Deshalb ist es auch ziemlich nutzlos, die Schuld nach einem begangenen Fehler zu suchen. Passiert ist passiert.

Besser ist es, zu überlegen, wie in Zukunft vorgegangen werden kann, ohne den gleichen Fehler zu wiederholen.

Schuldzuweisung bedeutet, einem anderen die Schuld zu geben. „Du bist schuld!" Oder: „Weil du das gemacht hast, haben wir nun ein Problem."

In die Zukunft schauen

Das mag alles stimmen, ändert aber am Ist-Zustand nichts. Schauen Sie in die Zukunft.

Fehler gehören zur Entwicklung.

Schließlich und endlich: Kreativität lässt sich nicht erzwingen, kann aber bei entsprechender Bereitschaft trainiert werden.

Paradigma und Perspektivenwechsel

Es hätte schon verwundert, käme das Wort Perspektive nicht aus der lateinischen Sprache.

‚Perspicere' heißt so viel wie ‚hindurchsehen' oder ‚hindurchblicken'.

Ein Paradigma ist ein ‚Denkrahmen', eine gewisse Weltanschauung oder Lebensbetrachtung.

Das unsichtbare Hindernis

Nehmen wir das Wort hindurchsehen. Gemeint ist – im Sinne der Perspektive – durch eine vermeintliche Wand zu schauen.

Diese Wand muss gar nicht sichtbar sein; sie entsteht im Kopf, sozusagen in der eigenen Gedankenwelt.

Diese Wand hilft uns, ‚vernünftig' und relativ sicher zu leben. Im Bereich bis zu dieser Wand wissen wir, welche Regeln gelten, welche als richtig und falsch zu betrachten sind.

Woher kommt die Wand? Sie entsteht aufgrund unserer Erziehung im sozialen Gefüge.

Der Mensch wächst in einem Bereich, einem Umfeld auf, das ihm Sicherheit gewährt. So wird gewährleistet, dass er relativ stressfrei aufwachsen kann.

Jede Gruppierung lebt hinter einer eigenen Wand

Jede Gesellschaft hat ihre eigenen Werte und Normen. Diese werden von einer Wand umgeben. Bildhaft können wir sagen, dass alle möglichen Gruppierungen in ihren ‚eigenen vier Wänden' leben.

Lassen Sie uns aus vier Wänden in dieser Vorstellung eine Kreisform bilden, um Ecken zu vermeiden.

Ein Einzelner lebt gesichert in seiner Welt.

Die Mauer um ihn herum schützt ihn.

Innerhalb seines Be-
reichs kann sich der
Einzelne beliebig be-
wegen.

Er erfährt nur das, was im eigenen Bereich zu finden ist,
kommt aber über seinen gedanklichen Bereich nicht hin-
aus.

Jede Gruppierung hat ihren Kreis, in dem sich das Individuum frei bewegt.

Jeder erfährt nur das, was im eigenen Bereich der eigenen
Gruppierung zu finden ist.

Das eigene Verhaltensmuster wird verstärkt.

Ein Individuum sieht
durch die Mauer hin-
durch.

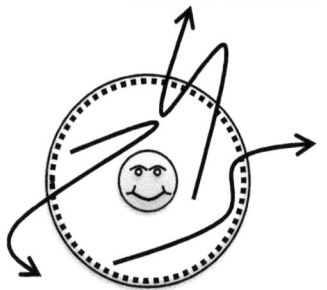

Es wird ihm bewusst, dass es andere Gruppierungen mit anderen eigenen Werten und Normen gibt.

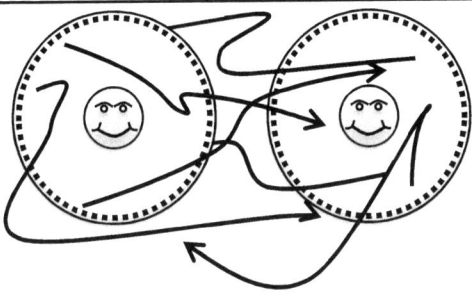

Einen Individuum einer Gruppe eröffnet sich die Gedankenwelt einer anderen Gruppe.

Durch den gegenseitigen gedanklichen Austausch erhöht sich die Wahrscheinlichkeit, Neues zu erfahren enorm.

Klassische Denkrahmen wurden gesprengt.

Perspektivenwechsel

Wechseln Sie doch einmal Ihre Betrachtungsweise. Ändern Sie die Perspektive.

Mit dieser Vorgehensweise gelingt es Ihnen, mögliche Herausforderungen aus ganz verschiedenen Blickwinkeln zu beleuchten.

Sie betrachten sozusagen etwas von allen Seiten.

Nebenbei erweitern Sie ohne großen Energieaufwand Ihren Horizont.

Durch diese Vorgehensweise erhalten Sie neue Anregungen zur Umsetzung eines möglichen Projekts oder Gedankens.

Probieren Sie es einmal aus.

Vielleicht gehören Sie zu den glücklichen Menschen, die mit dieser Kreativitätstechnik gut und erfolgreich arbeiten können.

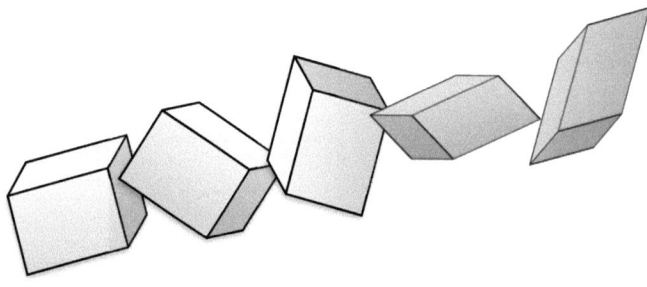

Das Brainstorming – Schnell neue Gedanken finden

Die Methode des Brainstormings wurde 1939 vom US.-amerikanischen Autor Alex Faickney Osborn (1888 – 1966) erfunden. Charles Hutchison Clark, ebenso ein US.-amerikanischer Autor (1920 – 2009) entwickelte sie später weiter.

Brainstorming könnte übersetzt werden mit ‚Sturm von Gedanken im Gehirn‘ – gemeint ist das Suchen und Sammeln von Geistesblitzen.

Zeit ist Geld. In wenig Zeit sollen neue Ideen formuliert werden. Typisch für das Brainstorming ist:

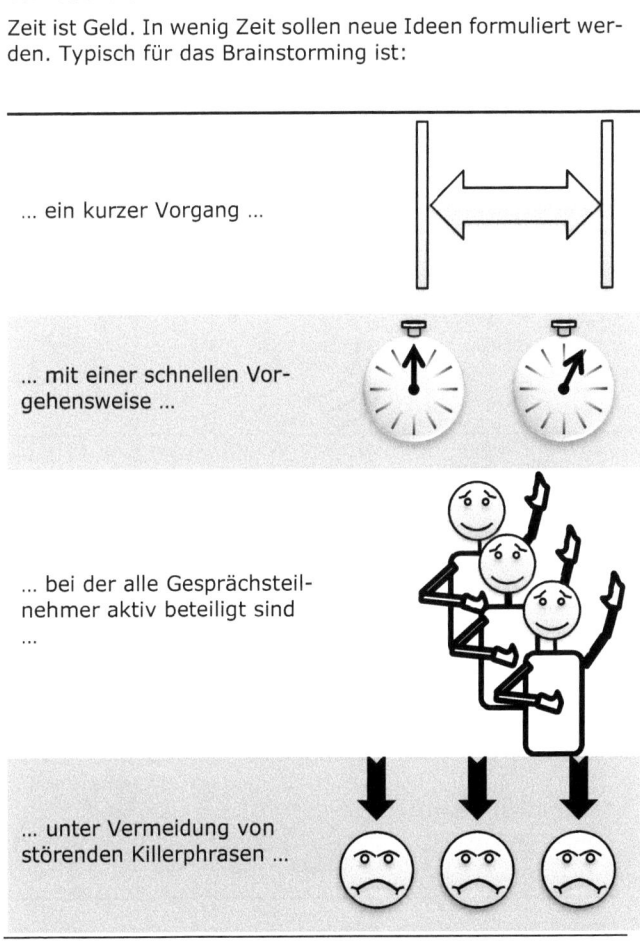

... ein kurzer Vorgang ...

... mit einer schnellen Vorgehensweise ...

... bei der alle Gesprächsteilnehmer aktiv beteiligt sind ...

... unter Vermeidung von störenden Killerphrasen ...

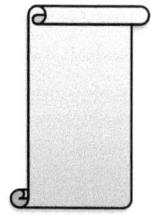

… und gefundene Punkte schriftlich festhalten oder zum Beispiel an einer Pinnwand markiert werden.

Rückgreifend auf das 5-Phasen-Modell wissen wir, dass die Phase 4 in zwei Abläufe aufgesplittet wird:

- Phase a. Hier werden Ideen gesammelt und noch nicht gewertet.
- Phase b. Erst hier darf gewertet werden.

Phase A

Quantität geht vor Qualität.

Je mehr Ideen, desto größer die Chance auf eine wertvolle Anregung.

Alles ist erlaubt.

Beschränkungen sind tabu.

‚Verrückte' Ideen sind gesucht.

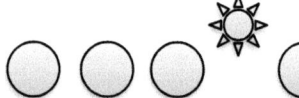

Alle Lösungsideen nennen. Auch wenn sie noch so abenteuerlich, albern oder falsch zu sein scheinen.

Jeder wird
angehört.

Reihum abfragen oder besser Meta-Plan (Ideen auf Karten schreiben lassen) einsetzen.

Durcheinanderreden kommt nicht in Frage!

Es gibt kein
geistiges Eigentum – es gilt
der Team-Gedanke.

Niemand hält seine Einfälle zurück.

Denn: Jeder ausgesprochene Gedanke ist auch eine Anregung für die anderen.

Einfälle nicht zerreden. Keine Wertung oder Kritik zu diesem Zeitpunkt!

Hohes Tempo und kurze knappe Formulierungen: In der Sammelphase werden Ideen nur kurz angerissen.

Ideensuche von der Ideenkritik trennen.

Kritik führt zur Ideenblockade. Erst sammeln, dann bewerten!

Protokoll führen.

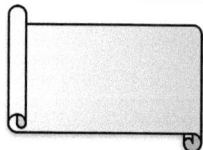

Die Ideen sollen schriftlich festgehalten werden (Tafel, Flipchart, Pinnwand oder online).

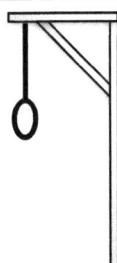

Killerphrasen sofort abblocken.

„Daraus wird nie etwas!"

„Wie wollen Sie das machen?"

„Das haben wir schon einmal probiert!"

Phase B

Werten.

Was grundsätzlich nicht gewollt ist – streichen.

Was grundsätzlich umsetzbar ist – festhalten.

Rangordnung vorgeben (Prioritäten setzen).

Das Brainstorming – Ideen sammeln und werten (Phase 4)

Im folgenden Beispiel greifen wir auf die Phasen 4a und 4b aus dem oben dargestellten 5-Phasen-Modell zurück.

Nehmen Sie das Beispiel genau als solches. Selbstverständlich steht es Ihnen frei, die Vorgehensweise beliebig abzuwandeln. Im folgenden Beispiel wird von fünf Teilnehmern und einem Moderator ausgegangen. Es wird mit Karten und mit einer Pinnwand gearbeitet. Das System funktioniert selbstredend auch mit anderen Hilfsmitteln oder Techniken.

Im 5-Phasen-Modell ist die Phase 4 und dort wiederum die Phase 4a entscheidend für den guten Ausgang eines Projekts oder einer zu bewältigenden Aufgabe.

In unserem Beispiel wird bei fünf Teilnehmern mit drei Karten (gleichzusetzen mit drei Ideen) gearbeitet. So können theoretisch 15 verschiedene Ideen aufkommen, die eine Lösung anzeigen.

In der Praxis zeigt sich immer wieder, dass manche Ideen mehrfach aufgeschrieben werden. Diese Karten ergeben zusammen eine Kartengruppe. Das bedeutet, dass am Ende des Vorgangs nicht zwangsläufig 15 Ideen, sondern vielleicht nur sechs zur Bewertung vorhanden sind. So fällt später die Phase 4b (Bewertung) leichter.

Schritt 1 der Phase 4a (Sammeln)

Moderator: Begrüßt die Gäste und platziert sie im Kreis.	
Teilnehmer: Nehmen Platz, sodass sie sich gegenseitig gut sehen können.	
Eine Pinnwand steht hinter oder neben dem Moderator. Die Teilnehmer können diese gut einsehen.	
Karten, Marker, Nadeln und Klebepunkte liegen bereit.	

Schritt 2 der Phase 4a (Sammeln)

Moderator: Gibt jedem Teilnehmer drei gleichfarbige
und gleichgroße Karten sowie einen gleichfarbig
schreibenden Marker.

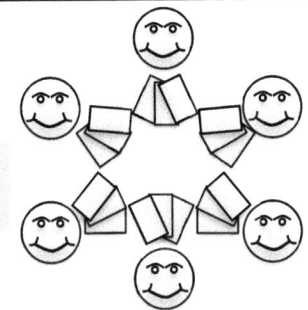

Teilnehmer: Nehmen ein
Kartenset und einen Marker
an sich.

In der Mitte der Runde liegen Reservekarten.

Dadurch, dass die Schriftfarbe gleich ist und die Karten
ebenso, wird später beim Anheften an die Pinnwand vermieden, dass eine Karte aufgrund der Kartenfarbe, der
Größe oder der Schriftfarbe deutlicher auffällt als eine andere.

Beispielsweise sticht rot anders ins Auge als gelb.

Schritt 3 der Phase 4a (Sammeln)

Moderator: Bittet um ein Stichwort pro
Karte.

Teilnehmer: Schreibt ein Stichwort (keine
Sätze) auf jede Karte.

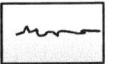

Benötigt ein Teilnehmer eine oder mehrere
zusätzliche Karten aufgrund seiner Themen-
vielfalt, bedient er sich an den Reservekarten.

Der Marker schreibt fett genug, um den Text auf der ange-
pinnten Karte auch aus einer gewissen Distanz lesen zu
können.

Deshalb werden keine Kugelschreiber oder andere dünn-
schreibende Stifte verwendet.

Schritt 4 der Phase 4a (Sammeln)

Moderator: Sammelt nach und nach alle Karten ein.

Teilnehmer: Jeder Teilnehmer hat mindestens eine Karte beschriftet.

Beim Einsammeln zeigt die Schrift nach unten.

Der Moderator mischt die Karten.

Damit wird erreicht, dass nicht alle Karten ein und derselben Person unmittelbar hintereinander gezogen werden.

Es bleibt dem Zufall überlassen, wessen Karte gleich zu Beginn oder am Ende gezogen wird.

Niemand soll sich mit dieser Vorgehensweise bevorzugt oder benachteiligt fühlen.

Schritt 5 der Phase 4a (Sammeln)

Moderator: Deckt die oberste Karte auf, liest sie vor und heftet sie dann an die Pinnwand.

Teilnehmer: Derjenige, der die Karte beschriftet hat, erläutert nun kurzen in Worten, was er unter dem Stichwort versteht.

Achtung: In diesem Stadium wird vermieden, das Gesagte zu beurteilen.

Das gilt für alle Anwesenden.

Durch das Erklären des Stichwortes kommt jeder mindestens einmal an die Reihe, um seine Idee kurz zu erläutern.

Die Erläuterung wird gebraucht, um gleiche Ideen später als Gruppe anzuheften.

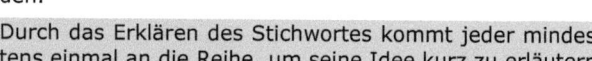

Schritt 6 der Phase 4a (Sammeln)

Moderator: Zieht nach und nach jede Karte.

Teilnehmer: Erklären jeweils ihre Ideen.

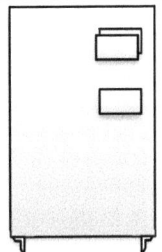

Tauchen Inhalte gleicher Ideen auf, einigen sich die Teilnehmer, die dieselben Ideen hatten darauf, ob es sich tatsächlich um denselben Gedanken handelt.

In diesem Fall werden die Karten leicht versetzt übereinander angeheftet.

Die Anwesenden können erkennen, ob eine Idee mehrfach genannt wurde.

Falls die Schreiber der Karten meinen, dass es sich um verschiedene Themen handelt, werden diese separat angepinnt.

So wird vorgegangen, bis sich alle beschrifteten Karten an der Pinnwand befinden.

Schritt 7 der Phase 4a (Sammeln)

Moderator: Benennt kurz noch einmal jede Kartengruppe.

Teilnehmer: Stellen Rückfragen, falls irgendetwas unklar ist.

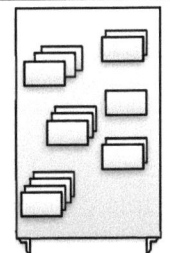

Der Moderator achtet darauf, dass zusammengehörende Karten deutlich als Gruppe zu erkennen sind.

Die einzelnen Gruppen sind räumlich voneinander getrennt.

Durch diese Darstellung ist deutlich sichtbar, wie viele Gruppen es gibt.

Mit diesem Vorgang ist die Phase 4a abgeschlossen.

Schritt 1 der Phase 4b (Werten)

Moderator: Bittet nun, Vor-
und Nachteile zu den Inhal-
ten der ersten Kartengruppe
zu äußern.

Teilnehmer: Äußern ihre
Meinung zum jeweiligen
Vorschlag.

Je mehr Vor- und Nachteile
genannt werden, desto einfacher wird es später möglich sein, die Kartengruppe
zu bewerten.

Der Moderator geht mit allen Anwesenden Gruppe für
Gruppe durch.

Schritt 2 der Phase 4b (Bewerten)

Moderator: Gibt jedem Teilnehmer drei Klebepunkte.

Teilnehmer: Klebt seine Klebepunkte auf die
verschiedenen Kartengruppen.

Dieser Vorgang riskiert gleichzeitig eine gewisse Beeinflussung der anderen.

Wer als letzter seine Punkte verteilt, kann
möglicherweise eine wichtige Entscheidung
zugunsten einer Kartengruppe fällen.

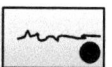

Deshalb ist es auch möglich, die Punkte zuerst verdeckt zu notieren.

Jeder Teilnehmer schreibt auf, welcher Kartengruppe er wie viele Punkte geben will.

Nachdem jeder seine Notizen angefertigt hat,
überträgt der Moderator die Markierungen als
Punkte auf den Kartengruppen.

Überlegen Sie sich im Vorfeld, wie die Punkte verteilt werden können. So ergeben sich beispielsweise folgende Möglichkeiten:

- alle drei Punkte müssen auf dieselbe Karte geklebt werden. Oder

- die drei Punkte müssen auf drei verschiedene Karten ge-klebt werden. Oder

- zwei Punkte dürfen auf eine Karte, der dritte Punkt auf eine andere Karte geklebt werden.

Je nach Teilnehmerzahl und zu vergebenen Punkten kann jede der drei Varianten die bessere sein.

Schritt 3 der Phase 4b (Wählen)

Moderator: Gibt bekannt, wie viele Punkte jede Kartengruppe erzielt hat.

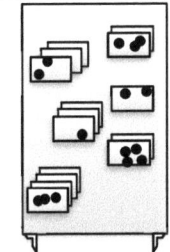

Teilnehmer: Erkennen, welche Kartengruppe die meisten Punkte ge-sammelt hat.

Die Kartengruppe mit den meisten Punkten wurde gewählt.

Im Falle eines Gleichstands der höchstgewerteten Karten-gruppen, erfolgt ein ‚Stechen'.

Die Phase 4b ist jetzt abgeschlossen.

Es folgt der Übergang zur Phase 5a.

„Drill verschaffen"

Liebe Leserin, lieber Leser, im letzten Teil des Handbuchs haben wir den Fokus auf die Kreativität und das Brainstorming gelenkt.

Erfolgreiche Unternehmen nutzen die Kreativität und Vielfalt des menschlichen Denkvermögens, um auf ganz neue Ideen zu kommen.

Wie Sie wissen, können Innovationen einen erheblichen Marktvorsprung erreichen, den ein Unternehmen schlagartig ‚ins nächste Jahrhundert' katapultiert.

Ihnen als Individuum steht es gleichfalls frei, Ihre Gedanken spielen zu lassen.

Denken und handeln Sie kreativ, um Ihrem Geschäftsweg und Ihren Meetings einen erfolgreichen ‚Drill' zu verschaffen.

Ausleitung

„Führen Sie Ihre Besprechungen erfolgreich?"

Liebe Leserin, lieber Leser, gelingt es Ihnen, aus den Vorschlägen dieses Handbuchs eine andere Vorgehensweise in Meetings zu bringen? Die gezeigten Beispiele sollen helfen, flotter, damit zeitsparender und gleichzeitig motivierender zum Erfolg zu kommen.

In diesem Handbuch wurde gezeigt, wie Sie sich als Moderator in Meetings gut vorbereiten und das Meeting entsprechend unserer Überlegungen umsetzen können.

Es wurde beschrieben, weshalb Spielregeln in Meetings helfen, Sicherheit und Struktur aufzubauen.

Am Beispiel des Fünf-Phasen-Modells wurde im zweiten Teil ein variierbares Modellmuster gezeigt, das in übersichtlicher und nachvollziehbarer Form Ihnen und den Teilnehmern ein Gerüst an die Hand gibt. Mithilfe dieser Struktur lässt sich effektiv zum Ziel kommen.

Im letzten Teil widmeten wir uns dem Bereich des leicht ‚verrückten' Denkens, was freundlicherweise als kreatives Denken bezeichnet wird.

Nutzen Sie die mentalen Kräfte, die Ihnen Ihr Gehirn anbietet. Lassen Sie die geistigen Kräfte der anderen Gesprächsteilnehmer nicht unbeachtet.

Schlüpfen Sie in fremde gedankliche Rollen, um einen Sachverhalt aus unterschiedlichen Perspektiven zu beleuchten. Erweitern Sie Ihren Horizont und erkennen Sie, dass es nicht nur ‚den einen richtigen Weg' zum Ziel gibt.

Guten Erfolg mit Ihrem Wissen und Ihren Fähigkeiten.

Alles Beste bis zu einem möglichen ‚Wiederlesen' in einem anderen Ratgeber unserer Reihe „Das kleine Rhetorik-Handbuch [2100]".

Horst Hanisch

Stichwortverzeichnis

Knigge als Synonym

Umgang mit Menschen

Suche weniger selbst zu glänzen, als andern Gelegenheit zu geben, sich von vorteilhaften Seiten zu zeigen, wenn Du gelobt werden und gefallen willst.

Adolph Freiherr Knigge, aus dem Buch „Über den Umgang mit Menschen",
1788
(1752 - 1796)

Schon zu seinen Lebzeiten war Adolph Freiherr Knigge (1752 – 1796) umstritten. Knigge setzte sich durch sein energisches Eintreten für die Ziele der Aufklärung, so wie er sie verstand, scharfen Angriffen aus. Er arbeitete als Romanschriftsteller und Satiriker sowie als politischer Schriftsteller. Er gehörte den Freimaurern an. Heute ist Knigge vor allem seines Buches wegen ‚Über den Umgang mit Menschen' (1788) bekannt. Und zwar deswegen, weil sein Werk als Etikette-Buch angesehen wird.

Das große Missverständnis

Knigge verdankt seinen heutigen Ruf und Erfolg aber einem Missverständnis. Denn: Das Werk Adolph Freiherr Knigges gilt als Etikette-Buch ersten Rangs. Allerdings beschreibt Knigge keine Regeln wie mit Besteck umzugehen ist oder das Verhalten bei Tisch, stattdessen offenbart er eine praktische Lebensphilosophie im Umgang mit Mitmenschen. Er gibt Anleitungen und Anregungen, wie mit seinen Mitmenschen richtig umzugehen ist. Knigge hoffte damit, dass die Menschen glücklich und froh miteinander leben könnten. Sein Buch erschien 1788 und war schon kurze Zeit in fast allen Haushalten zu finden. Auch über 200 Jahre nach Erscheinen prägt sich sein Buch im Bewusstsein der Leser als praktisches Handbuch über gutes Benehmen ein.

Über den Umgang mit Menschen

In drei Teilen seines Buches hat Knigge über den Umgang mit verschiedenen Menschengruppen geschrieben, zum Beispiel:

- Über den Umgang mit Leuten von verschiedenen Gemütsarten, Temperamenten und Stimmungen des Geistes und des Herzens (Erster Teil, 3. Kapitel)
- Über den Umgang mit Frauenzimmern (Zweiter Teil, 5. Kapitel)

- Über die Verhältnisse zwischen Herrn und Dienern (Zweiter Teil, 7. Kapitel)
- Über das Verhältnis zwischen Wohltätern und denen, welche Wohltaten empfangen; wie auch unter Lehrern und Schülern, Gläubigern und Schuldnern (Zweiter Teil, 10. Kapitel)
- Über den Umgang mit den Großen der Erde, mit Fürsten, Vornehmen und Reichen (Dritter Teil, 1. Kapitel)

Knigge heute als Synonym für Umgangsformen

Obwohl es heute klar ist, dass Knigge anderes verfolgte, als wir unter seinem Namen verstehen, soll ‚Knigge' als Synonym für den Bereich stehen, dem sich das vorliegende Handbuch widmet.

Wir behandeln das Thema Kommunikation in seinen Details. Ist das nichts anderes als der Umgang mit Menschen?

Gerade davon ausgehend, dass die zwischenmenschliche Kommunikation einen immensen Einfluss auf das Wohl und Gedeih eines Einzelnen nimmt, passt dieser Ratgeber gedanklich zu den Ideen des Freiherrn Knigge.

12 Ratgeber in der kleinen Knigge-Reihe

Der kleine ... -Knigge ^{2100} (Je € 9,70; 88 Seiten, 12x19 cm, kartoniert)

Anstands- und Banausen-...
Business- und Kunden-...
Büro- und Kollegen-...
Gäste- und Gastgeber-...
Gesellschafts- und Freunde-...
Outfit- und Stil-...

Interkulturelle- und Auslands-...
Bewerbungs- und Vorstellungs-...
Event- und Feste-...
Gastro- und Tischsitten-...
Speisen- und Exoten-...
Trinkkultur- und Getränke-...

12 x kleines Handbuch der Rhetorik 2100

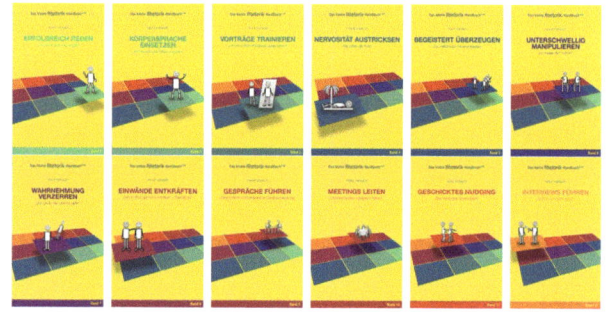

Der kleine Handbuch der Rhetorik ^{2100} (Je € 9,70; 100 Seiten, 12x19 cm)

Erfolgreich reden
Körpersprache einsetzen
Gezielt trainieren
Nervosität austricksen
Begeistert überzeugen
Unterschwellig manipulieren

Wahrnehmung verzerren
Einwände entkräften
Gespräche führen
Meetings leiten
Geschicktes Nudging
Interviews führen

4 Ratgeber in der Ego-Management-Reihe

Jeder Ratgeber € 14,90, 104 Seiten, A5
Persönlichkeits-Management – Ego-Knigge 2100 Soft Skills, Selbst-Reflexion und Selbst-Bewusstsein

Stress-Management – Ego-Knigge 2100 Lampenfieber, Stressoren, Gerüchte, Mobbing, Burnout, Stressvermeidung
Zeit-Management– Ego-Knigge 2100 Umgang mit der Zeit, Organisation von Arbeitsabläufen, Perfektionismus, Zielsetzung
Gedächtnis-Management – Ego-Knigge 2100 Gehirn, Intelligenz, Schwachsinn – Hochbegabung, Gedächtnis, Lerntechniken

4 Ratgeber in der Reihe Lebenseinstellung

Jeder Ratgeber € 12,95, 160 Seiten, A5
Aberglaube-Knigge 2100 Von schwarzen Katzen, der linken Hand des Teufels und den Glücksbringern

Lügen- und Egoismus-Knigge 2100 Überleben durch Flunkern, Schummeln und Täuschen! Macht, Respekt, Wertschätzung? Lebenslüge und Lebensschutz
Glücks-Knigge 2100 Vom Glücklichsein, positiven Denken und von Freundschaften
Angst- und Optimismus-Knigge 2100 Die Furcht beherrschen, Ängste nutzen und positiv durchs Leben gehen

3 Ratgeber Bräutigam, Braut, Brautpaar

Bräutigam-Knigge 2100 Verlobung und Polterabend, Schwiegereltern und das Ja-Wort, Hochzeits-Outfit und Hochzeits-Kutsche
Braut-Knigge 2100 Brautkleid und Accessoires, Das große Hochzeitsfest, Höhepunkte und Hochzeitstanz

Brautpaar-Knigge 2100 Historisches und Sonderbares, Planung und Organisation, Aberglaube und Hochzeitsbräuche
Jeder Ratgeber € 15,90, 104 Seiten, A5, kartoniert

2 Ratgeber Selbst-Coaching

Jeder Ratgeber € 12,95, 120 Seiten, A5
Selbstbewusstsein Knigge 2100 Ich bin, ich kann, ich will. Das eigene Leben bestimmen, Soft Skills, The Winner 1
Selbstwertgefühl Knigge 2100 Steh auf! – Werde aktiv! – Zeige Profil! Das eigene Leben beeinflussen, Motivation, The Winner 2

Leben und Lifestyle

Das kleine Knigge-Quiz [2100] € 9,70; 96 Seiten, 12x19 cm, kartoniert
Jugend-Knigge [2100] Knigge für junge Leute und Berufseinsteiger, € 15,90; 152 Seiten
Zukunfts-Knigge [2100] Verfall der Sitten und Verlust der Wertschätzung? Umgangsformen in 100 Jahren. Zusammenleben mit Menschen, Maschinen und menschenähnlichen Robotern, € 14,95; 172 Seiten A5 kartoniert
Hochzeits-Knigge [2100] Hochzeitsbräuche, Geschenke, Brautjungfer, Trauung, Festgäste und Festmahl, € 29,95; 310 Seiten A5
Ü65- und Senioren-Knigge [2100] Die junge Alten und die alten Jungen, Kommunikation und Verständnis zwischen den Generationen, Einsamkeit und technischer Fortschritt, € 19,95; 180 Seiten A5
Blumen-Knigge [2100] Historisches, Mystisches, Festliches, Blumen-Sprache, Umgang mit Blumen-Präsenten, € 19,95; 144 Seiten A5
Bekleidung! Ausdruck der Persönlichkeit – Lukas' Outfit-Knigge [2100], € 19,95; 196 Seiten A5
Nudel-Knigge [2100] Himmlische Teigwaren, € 17,95; 140 Seiten A5
Der Interkulturelle Kompetenz-Knigge [2100] Kultur, Kompetenz, Eindrücke – Gesten, Rituale, Zeitempfinden – Berichte, Tipps, Erlebnisse, € 29,95; 240 Seiten A5
Wertschätzung-Knigge [2100] Gleichberechtigung, Gender und Respekt, Sexuelle Orientierung, Umgang bei Diskriminierung und Mobbing, € 14,95; 152 Seiten A5
Dschungel-Knigge [2100] Umgang in ungewohnter Umgebung, € 23,95; 192 Seiten A5
Der Dicke-Knigge [2100] Aus dem prallen Leben des Dicken, € 15,90; 104 Seiten A5
Typisch Frau – Typisch Mann Knigge [2100] Unterschiede und Gemeinsamkeiten im Umgang mit dem anderen Geschlecht, € 12,95; 128 Seiten A5
Kulinarischer und Gastronomischer Knigge [2100] Von Events, Feiern, Aperitif über Esskultur, Speisen und Getränken zu zeitgemäßen Tischsitten, € 26,50; 284 Seiten A5
Klo- und Pinkel-Knigge [2100] Vom privaten und öffentlichen Bedürfnis - Umgangsformen im Tabu-Bereich, € 13,50; 104 Seiten A5
Omi hüpf' mal Märchen meiner Großmutter, Erlebnisse ihre Jugend und wahre Geschichten meines Vaters von und über Omi Rickchen, Hardcover, € 29,95; 312 Seiten
Der Hunde-Knigge [2100] Umgang mit dem Hund – Hundesprache – Der Hund in der Gesellschaft, € 17,95; 180 Seiten A5
Welcome to Germany-Knigge [2100] Umgangsformen, Verhaltensmuster und gesellschaftliches Miteinander im deutschsprachigen Europa, € 11,99; 108 Seiten A5
Besuch willkommen Knigge [2100] Einladung, Gast, Geschenk, Empfang, Feier, Gastfreundschaft, € 14,95; 200 Seiten A5
Leben, Tod und Ansichten Austausch mit Berühmtheiten über Wichtiges und Unwichtiges im Leben, € 12,95; 116 Seiten A5
Leben, Tod und Überlegungen Austausch mit Berühmtheiten über Größe, Ewigkeit und Spaß im Leben, € 12,95; 116 Seiten A5
Tod, Trauer, Totenkult-Knigge [2100] Sterben, Trost, Takt, Bestatten, Tradition, Vorsorge, Tabus, Vergänglichkeit und Sonderbares, € 17,95; 212 Seiten A5

Leben und Lifestyle

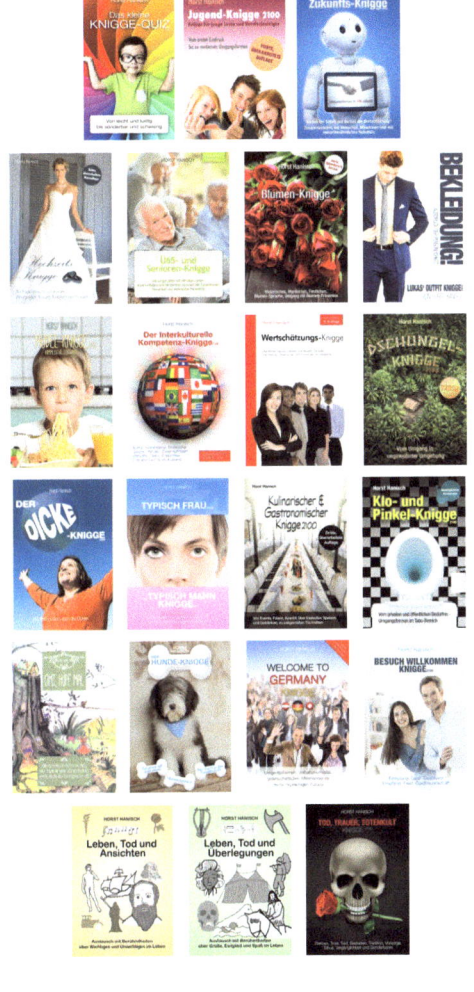

Rhetorik, Soft Skills, Hochschule, Beruf

Rhetorik ist Silber Von den ersten Schritten zu einer perfekten Präsentation, € 17,90; 144 Seiten A5, kartoniert, Zeichnungen
Moderation ist Gold Gesprächsführung, Umfragen, Talkrunden und Manipulation, € 17,90; 144 Seiten A5, kartoniert, Zeichnungen
Lebhafte Körpersprache in Vorträgen, Präsentationen, Gesprächen, € 17,90; 144 Seiten A5, kartoniert, ca. 290 Zeichnungen
Rhetoric – Mastering the Art of Persuasion, € 22,90; 144 Seiten A5, kartoniert
Discussion – Mastering the Skills of Moderation, € 22,90; 144 Seiten A5, kartoniert, Zeichnungen
Body Language in Europe, € 22,90; 144 Seiten A5, kartoniert, ca. 290 Zeichnungen
Körpersprache – Lüge, Verrat, Macht, Im Beruf, vor Gericht, beim Flirt – Gewinnerpose und Demutshaltung – Drohung und Zuneigung; € 29,95; 364 Seiten A5, kartoniert, über 400 Zeichnungen
Das große Buch der Rhetorik [2100] Tacheles reden; Präsentieren; manipulieren und überzeugen, € 37,45; 332 Seiten A5, kartoniert, viele Darstellungen
Trickreiche Rhetorik [2100] Psychologische Gesprächsführung, manipulierende Darstellung, unaufdringliches Nudging, € 37,45: 300 Seiten A5, kartoniert, Zeichnungen
Soft Skills-Knigge [2100] Soziale, Persönlichkeit, Selbstmanagement, € 37,45; 324 Seiten A5, kartoniert, viele Darstellungen
Schlagfertigkeit-, Spontaneität-, Stegreif-Knigge [2100] Impulsiv handeln, verbale Angriffe kontern, Störungen entwaffnen, € 13,50; 104 Seiten A5
Pitch Skills und Überzeugungs-Knigge [2100] Elevator Pitch, Geldgeber beeindrucken, Feuer versprühen, € 13,50; 128 Seiten A5, kartoniert
Smalltalk-Knigge [2100] Vom kleinen Gespräch bis zum charmanten Flirt - Kontakt ausbauen, Sympathie zeigen, Begehrlichkeit wecken, € 13,50; 100 Seiten A5
Quassel-Knigge [2100] Quasseln, Quatschen, Quengeln oder Lebenswichtige Kommunikation – Gezielt eingesetzte Rhetorik – Aussagekräftiges Profil zeigen, € 13,50; 112 Seiten A5
Hochschul-Knigge [2100] Studentischer Umgang in und außerhalb der Hochschule am Beispiel der Cologne Business School, 132 Seiten A5, kartoniert, Fotos
Jugend-Karriere-Knigge [2100] Schule und Studium, Netzwerk und Klüngel, Erfolg und Risiken, € 19,95; 224 Seiten A5, kartoniert, Zeichnungen, Checklisten
Bewerbungs-Knigge [2100] **für Frauen – Tina bewirbt sich / Bewerbungs-Knigge** [2100] **für Männer – Tom bewirbt sich**, Vorbereitung, Wahl der Kleidung, Verhalten beim Bewerbungsgespräch, je € 19,70; 128 Seiten A5, kartoniert, Fotos, Checklisten
Kreativitäts-Knigge [2100], Visionärhaft denken, Scheuklappen sprengen, Mentales Risiko eingehen, € 14,95; 164 Seiten A5, kartoniert
Team und Typ-Knigge [2100], Ich und Wir, Typen und Charaktere, Team-Entwicklung, € 14,95; 128 Seiten A5, kartoniert, viele Darstellungen
Die flotte Generation Y im 21. Jahrhundert, selbstbewusst – lebensbetonend – flexibel. Wie mit der Generation Y zielorientiert und erfolgreich gearbeitet werden kann, € 12,95; 116 Seiten A5, kartoniert, Zeichnungen
Die flotte Generation Z im 21. Jahrhundert, entscheidungsfreudig – effizient – eigenverantwortlich. Wie mit der Generation Z zielorientiert und erfolgreich gearbeitet werden kann, € 12,95; 140 Seiten A5, kartoniert, Zeichnungen

Rhetorik, Soft Skills, Hochschule, Beruf

Beratung, Coaching, Seminar

Wer hat nicht gerne mit Menschen zu tun, die selbstbewusst und selbstsicher mit anderen Menschen umgehen?

Geschäftspartnern, die die elementaren Regeln des ‚Benimms' beherrschen, stehen die Türen zum Erfolg offen.

Unternehmen, die neben ihrer fachlichen Leistung auch ‚menschlich' überzeugen wollen, bieten wir für ihre Mitarbeiterinnen und Mitarbeiter aktives Training im Umgang mit Kunden, Gästen, Kollegen und Gesprächspartnern an.

Auf unserer Website informieren wir Sie über unsere Angebote:

- Firmen-Internes-Training
→ Business-Etikette und das Lehrmenü
→ Präsentieren, Moderieren, Kommunizieren
→ Körpersprache und ihre Geheimnisse
- Offen ausgeschriebene Seminare
→ Teuflische Rhetorik
→ Flottes Reden vor und zu anderen
→ Der erste Eindruck

→ Ladies Power
- Individuelles Einzelcoaching
→ Authentisches Auftreten
→ Dress for Success
→ Verhandlungstechniken
→ Persönlichkeit
- Interkulturelles Training
- Freundlichkeits-Checks in Unternehmen
- Workshops

→ Soft Skills
→ Team-Training
→ Intensiv-Training für
→ TV-Auftritte
→ Vorträge
→ Präsentationen
→ Reden
- Fachliteratur und Arbeitsunterlagen
- Vorträge/Speaker
→ Vor kleinem und vor großem Publikum

Individuelles Coaching für Einzelpersonen: Und, wer es ganz individuell mag, greift zurück auf ein Einzel-Coaching. Hier werden ganz persönliche Herausforderungen angegangen, mit Themen wie:

- Interkulturelle Kompetenz
- Selbstsicheres Auftreten
- Präsentations-Techniken
- Erfolgreiche Verhandlungsführung

- Der Erste Eindruck
- Bewerbungstraining
- Rhetorik und Überzeugungskraft

und andere Themen – direkt auf die besonderen Bedürfnisse des Einzelnen zugeschnitten. Besuchen Sie uns auf www.knigge-seminare.de